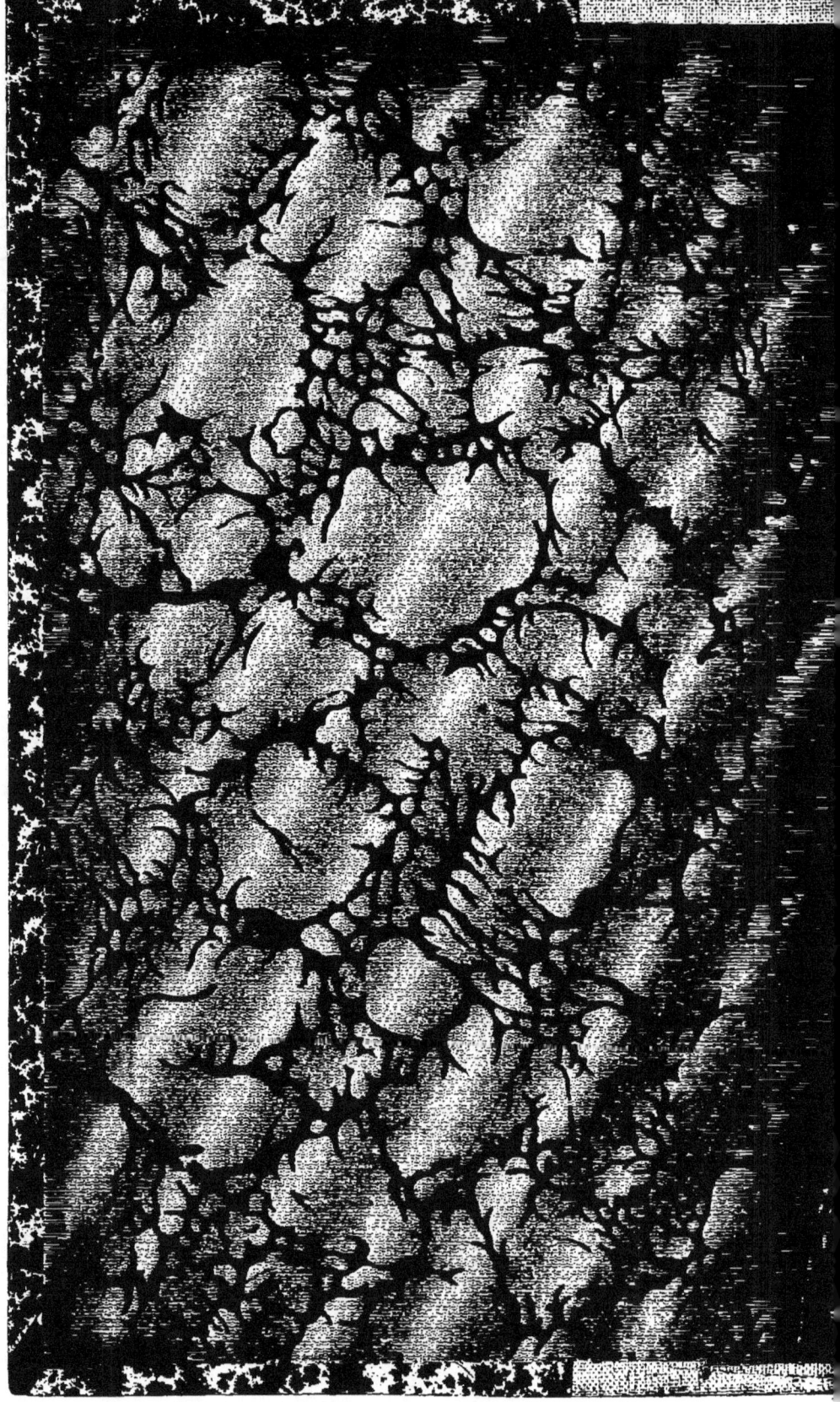

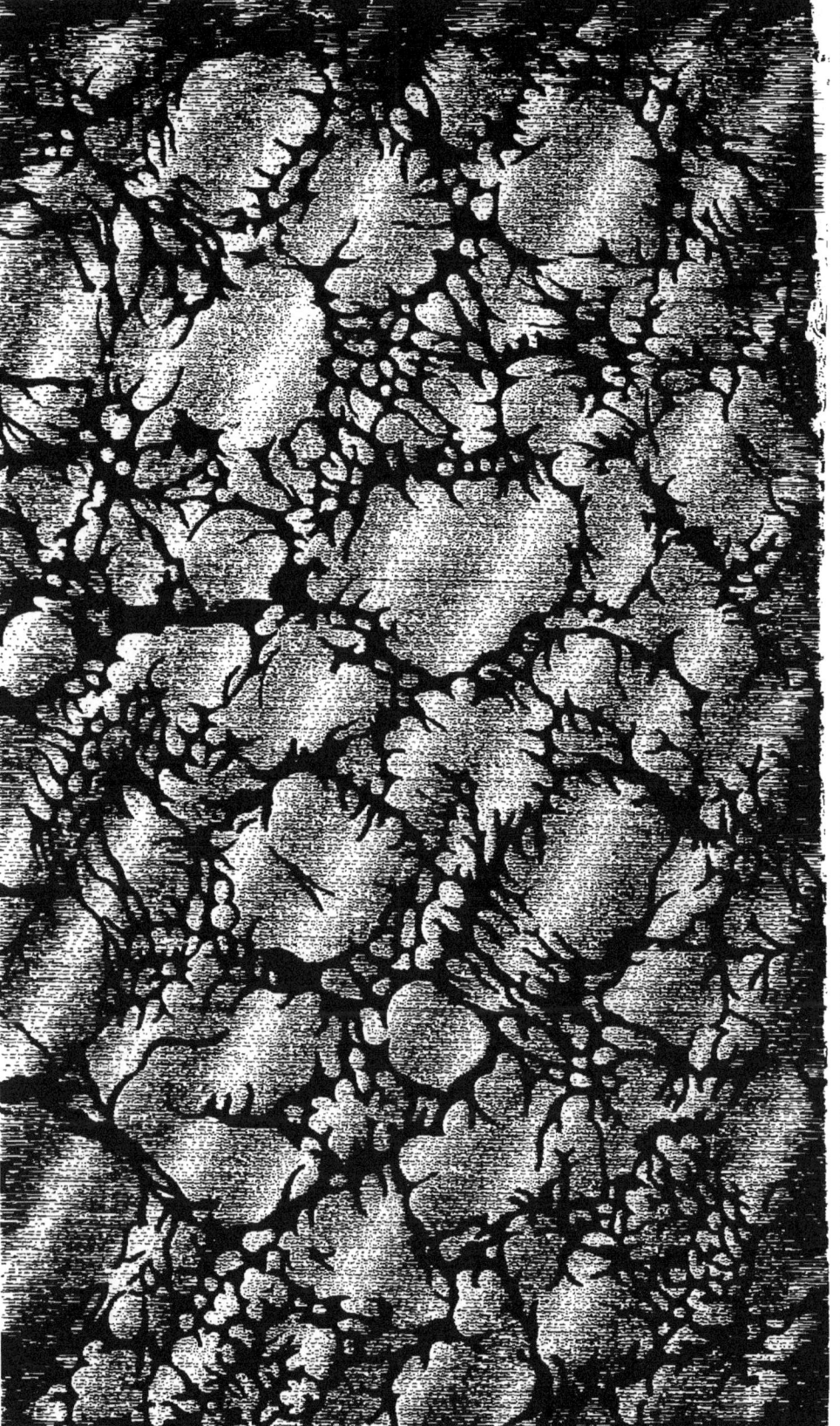

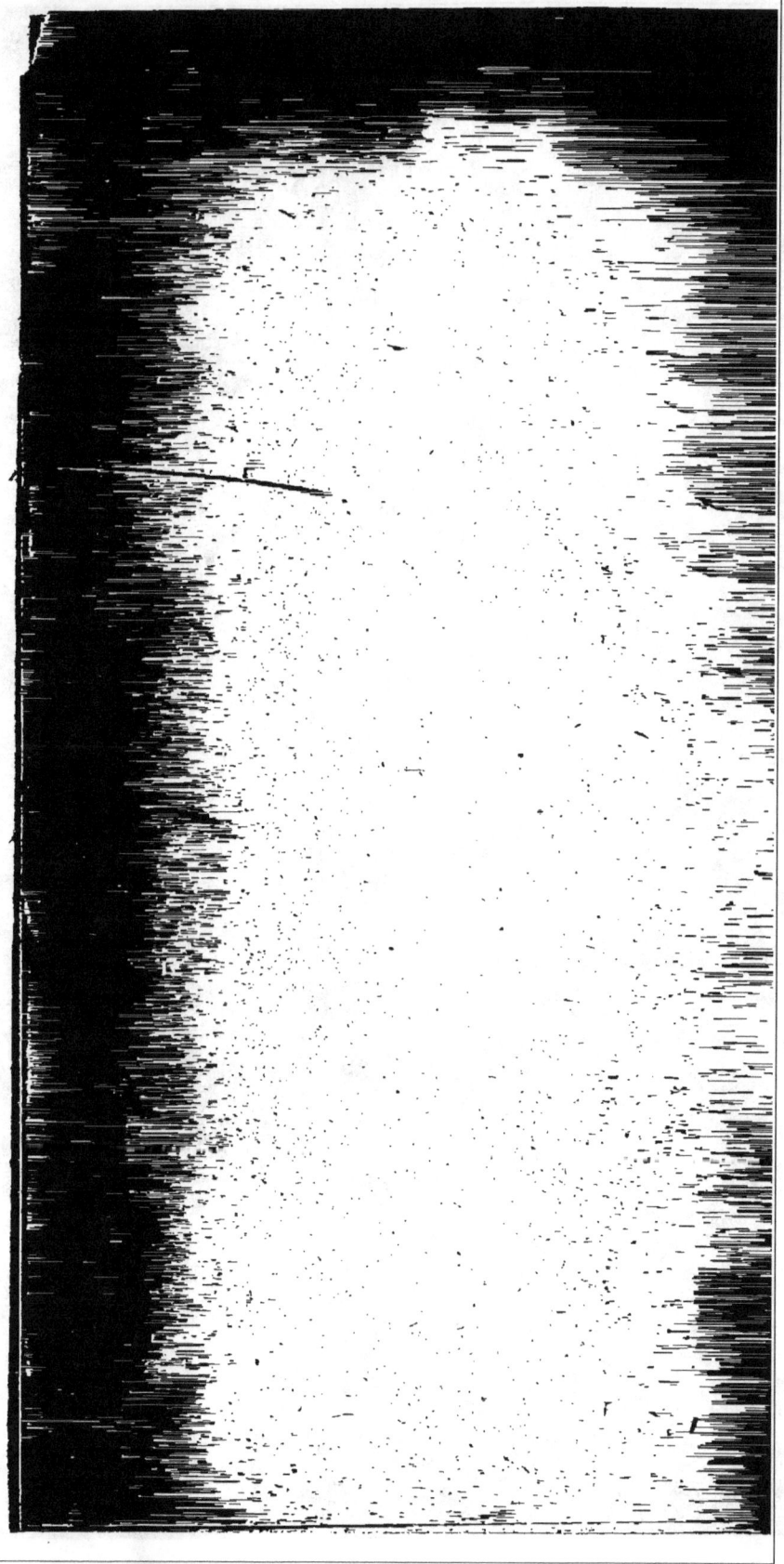

CINQ MOIS AU CAMP
DEVANT
SÉBASTOPOL

PAR

LE BARON DE BAZANCOURT

CHARGÉ D'UNE MISSION DE L'EMPEREUR

PARIS

AMYOT, 8, RUE DE LA PAIX

MDCCCLV

CINQ MOIS AU CAMP

DEVANT

SÉBASTOPOL

TYPOGRAPHIE DE CH. LAHURE
Imprimeur du Sénat et de la Cour de Cassation
rue de Vaugirard, 9

CINQ MOIS AU CAMP

DEVANT

SÉBASTOPOL

PAR

LE BARON DE BAZANCOURT

CHARGÉ D'UNE MISSION EN CRIMÉE

PARIS

AMYOT, 8, RUE DE LA PAIX

M DCCC LV

AU

COLONEL FLEURY

AIDE DE CAMP DE S. M. L'EMPEREUR

VII

18 juin 1855.

« Mon cher Fleury,

« Je vous ai souvent entendu regretter de ne pas être en Crimée avec votre beau régiment de Guides, et je sais avec quelle anxiété de chaque jour, de chaque heure, vous suivez cette guerre; car c'est plus qu'une expédition, c'est une véritable guerre, et ce sera dans les annales de l'histoire une des entreprises les plus mémorables et les plus gigantesques qui aient jamais été tentées.

« Aussi, c'est à vous que je dédie ces pages. — N'y cherchez pas une œuvre d'ensemble, habilement combinée et se reliant entre toutes ses parties. — C'est la vie du siége lui-même pendant les cinq mois que j'ai passés en Crimée, écrite à la hâte, comme les événements arrivaient, sous l'émotion du combat, et avec la fièvre des plus terribles, mais aussi des plus nobles impressions.

« J'ai retracé ce que j'ai vu, et j'ai cherché à tout voir, à tout étudier, à tout comprendre; je me suis initié par tous les points de contact à cette belle vie des camps, et j'ai essayé parfois d'en partager obscurément les dangers.

« Ce sont toutes mes impressions, toutes mes joies, toutes mes craintes, tous mes enthousiasmes, toutes mes tristesses, et souvent j'ai senti ma plume hésiter devant la solennité et la grandeur des tableaux qui se déroulaient devant moi.

« Quels saisissants spectacles ! — quelles nuits pleines de cris de guerre et de foudroyantes détonations ! — La France donne à ses enfants des bras de fer et des cœurs de bronze.

« Je suis sûr, mon cher Fleury, que vous lirez ces lettres avec sympathie, et j'espère qu'elles ne seront pas pour vous sans intérêt; mais je désire surtout que vous y trouviez le souvenir d'une bien ancienne et bien sincère amitié.

« Tout à vous,

« Baron de Bazancourt. »

Ayant obtenu l'autorisation de publier cette correspondance, j'espère qu'elle aura quelque intérêt pour le public; car, si elle ne parle pas des faits d'aujourd'hui, elle parle des faits d'hier, et les événements qu'elle retrace se tiennent par la main avec ceux qui s'accomplissent. — C'est la semence que l'armée recueille aujourd'hui; — c'est cette belle et noble moisson d'abnégation, de dévouement, de travaux incessants, de lutte héroïque.

Dans ce siége étrange, sans précédent dans les annales d'aucun siècle ni d'aucune nation, les actes militaires se ressemblent et sont des frères jumeaux pour la gloire comme pour les dangers.

Que l'on ne cherche pas dans ce petit volume les appréciations stratégiques d'un homme de guerre, et l'analyse technique de cette tâche laborieuse que nous poursuivons sans relâche depuis huit mois. — C'est la vie de tous les jours saisie au vol, c'est la relation exacte des événements tels qu'ils se sont passés, à l'heure même où ils se sont passés, écrite à la hâte, lorsque le canon grondait encore et que la fusillade faisait entendre ses longs déchirements, lorsque l'émotion de ce souffle puissant de la guerre faisait battre mon cœur et trembler ma main.

J'aurais pu en relisant ces lettres envoyées à diverses époques, les modifier selon le résultat des faits accomplis, et corriger les appréciations du moment par des appréciations après coup ; — mais c'eût été leur enlever leur cachet, leur caractère, leur physionomie, c'eût été mentir à leur propre vérité. Elles sont ce qu'elles sont ; — leurs défauts (si on peut le dire) deviennent leurs qualités.

Quelquefois on retrouvera les mêmes pensées représentées sous des formes différentes. — C'est qu'un siége, se traînant la nuit à pas lents dans des tranchées qu'il creuse péniblement, offre peu d'aspects variés et n'a pas l'allure dégagée, hautaine, entreprenante d'une campagne. — Le siége a une base, des principes, des règles voulues dont on ne peut, dont on ne doit pas s'écarter ; sa marche lui est tracée d'avance ; c'est un livre ouvert, pour ainsi dire, dans lequel amis et ennemis lisent incessamment. — Mais quel livre plein d'intérêt! quelles agitations inconnues! quel silence plein d'émotions!

J'écrivais sous la tente, en plein air, à pied ou à cheval; — aujourd'hui dans le jour, demain au milieu de la nuit.

Pour tout voir, pour tout entendre, pour être au cœur même des moindres agitations, des plus petites entreprises, je suis allé habiter avec le major de tranchée. — En arrière et en avant de notre petite habitation sont creusées ces tranchées sans cesse remplies de soldats; les uns portant des fusils, les autres portant des projectiles. — J'étais *aux premières loges*, comme me le répétait souvent le général en chef.

Avant de terminer ces lignes, qu'il me soit permis d'exprimer ici toute ma reconnaissance pour la sympathie que j'ai trouvée parmi les chefs de l'armée.

Ils ont fait de la mission dont j'étais chargé une œuvre facile, et de mon séjour en Crimée un souvenir qui ne s'effacera jamais.

Je ne puis dire avec quelle bonté tous m'ont accueilli, avec quelle affabilité ils se sont prêtés à me donner les renseignements que je leur demandais, si précieux et si importants pour moi. — Si le travail que je prépare sur l'expédition de Crimée, et dont ce petit volume n'est en quelque sorte que l'introduction, a quelque mérite ; s'il retrace avec vérité les aspects variés à l'infini de ce grand drame militaire, que je prends à Varna et que j'espère bien conduire dans les murs de Sébastopol ; je le dois à cette bienveillance de tous les jours, aux conversations échangées, aux récits recueillis avec soin, aux notes intimes si obligeamment communiquées.

L'ÉGYPTUS

L'ÉGYPTUS.

Envoyé en mission pour écrire l'histoire de l'expédition de Crimée et officiellement accrédité par S. Exc. le maréchal ministre de la guerre auprès du général commandant en chef l'armée d'Orient, je me suis embarqué le 8 janvier sur *l'Égyptus*, par un beau temps que nous avons conservé jusqu'à Messine.

Mer calme et bleue, semblable à ce grand manteau d'azur dont parlent les poëtes, ciel sans nuage, brise de printemps. Le soleil, cette joie de tous les temps et de tous les pays, rayonnait à la fois sur le pont et sur les visages des 300 soldats que nous avions à bord. — Eux aussi, ils allaient vers la Crimée, cette terre promise à leur ardeur guerrière, eux aussi, ils allaient prendre part aux combats, aux travaux, aux rudes épreuves de leurs frères d'armes, et venant, riant et causant, ils souriaient à cette immensité qui les entourait.

Mais, lorsque nous fûmes dans la mer Ionienne

XVI

le vent changea tout à coup, et, sur le point d'entrer dans le golfe de Lépante, nous fûmes assaillis par un très-gros temps. Les lames embarquaient sur le pont et couvraient à chaque instant les pauvres soldats qui se courbaient sous les vagues dont l'écume gelée les fouettait en passant ; l'on entendait rouler çà et là les bancs que l'on n'avait pas attachés.

Les passagers, effrayés du craquement du bateau et de ces bruits inaccoutumés qui semblent annoncer que le vaisseau s'entr'ouvre, s'étaient réfugiés sur le pont et, semblables à un troupeau effrayé, se serraient les uns contre les autres, interrogeant le ciel sombre et les nuages noirs qui couraient follement dans le ciel, comme si eux aussi, eussent été effrayés de la tempête.

Il y avait à bord plusieurs chevaux et des mulets ; tantôt ils trépignaient, tantôt levaient la tête comme s'ils eussent été fous, tantôt cherchaient à déchirer de leurs dents tout ce qui les approchait. — Les pauvres bêtes ! elles avaient comme nous cette horrible torture qu'enfante le bouleversement des vagues, et de plus que nous, l'effroi sans l'intelligence qui raisonne, sans la pensée qui sauve. — Aussi, ils frappaient de leurs pieds ferrés les parois humides de leurs boxes, et l'on entendait sous le roulis qui les poussait, battre leurs flancs contre les planches. Leurs jarrets tremblaient, leurs genoux fléchissaient; l'un d'eux fut si violemment jeté, qu'il se brisa comme un corps inerte et retomba sans vie.

Il appartenait au lieutenant-colonel du régiment qui était à bord; — c'était son cheval de prédilection, il l'avait appelé Vulcain. A chaque instant il le caressait, lui apportait quelque chose, le flattait de la main; il lui parlait des Russes, de Sébastopol, de combats, il causait avec lui; et le cheval, pendant qu'il parlait, redressait les oreilles, semblait attacher sur lui ses grands yeux noirs intelligents et vifs, et gonflait ses narines brillantes. Souvent déjà, dans le commencement de la traversée, pendant que la mer semblable à un lac d'huile passait mollement sous notre bateau avec un faible murmure, je m'étais arrêté pour regarder Vulcain avec son maître, et le colonel me disait :

« — C'est lui que je monterai la première fois que je paraîtrai devant les Russes; n'est-ce pas, si l'on reçoit monté sur Vulcain une balle dans la poitrine, on meurt noblement, dépassant ses ennemis de la tête; »

Et en parlant ainsi, il le caressait avec orgueil et tendresse à la fois. — Hélas! pauvre Vulcain!

XVIII

si fier, si hennissant, si plein de vie et de noble ardeur, il n'était plus! Il gisait en travers de la boxe sur les planches que trempait la vague en bondissant.

Le colonel était appuyé contre un mât, la tête courbée.

Quelques minutes après, deux marins arrivaient tenant des lanternes.

Un instant la lumière frappa sur le visage du colonel, et je vis ses deux joues sillonnées par des larmes. — Pour tous, ce n'était qu'un cheval mort; pour lui, c'était un ami qu'il perdait.

Le commandant arriva.

« — Ce pauvre cheval est-il bien mort? » dit-il.

Le colonel s'approcha alors, se pencha sur Vulcain toujours silencieusement, et passa la main sur sa tête toute humide; on eût dit que le pauvre animal reconnaissait son maître, car il ouvrit à moitié ses yeux aux longs cils collés les uns contre les autres, essaya de soulever la tête, puis retomba, étendit son cou, roidit une dernière fois ses jambes et mourut.

Une heure après, les marins lui attachaient des cordes sous le ventre pour le jeter à la mer.

Il faisait alors petit jour, quelques lueurs blanchissaient faiblement l'horizon. — C'était, je vous

XIX

assure, un triste et grave spectacle ; car la mort, sous quelque aspect qu'elle se présente, parle toujours sérieusement à la pensée des hommes.

— Et puis, sur ce bâtiment que bouleversaient les vagues, avec ce demi-jour qui sillonnait quelques fronts, ces lanternes qui jetaient leurs pâles lueurs, les passagers groupés, les soldats enveloppés dans leurs couvertures grises dont dégouttait l'eau de la mer, tantôt éclairés, tantôt entièrement dans l'ombre, selon le mouvement que la vague imprimait au bâtiment ; tout cela avait une poésie lugubre et fatale ; on eût dit une de ces histoires de mer que racontent, de retour dans leurs foyers, les vieux marins, ou bien une de ces vieilles légendes, souvenirs funèbres jetés parmi les vivants.

Bientôt on eut hissé le pauvre cheval sur le bord ; et, pendant qu'ils le soulevaient avec leurs cordes, les marins faisaient entendre leurs cris cadencés, pour donner plus d'ensemble à leurs mouvements.

Au moment où le corps de Vulcain disparaissait, je vis le colonel retirer son képi et incliner la tête.

Tout le monde avait quitté la place, lui y était encore.

Dans la matinée nous passâmes à l'endroit où se livrait, tant de siècles auparavant, le fameux com-

XX

bat naval de Salamine, et nous vîmes, éclairée par un rayon de soleil, la montagne du haut de laquelle Xerxès assista à l'anéantissement de sa flotte.

Quelle richesse inépuisable de souvenirs se déroule à chaque pas, gravée pour ainsi dire sur chaque roche avec des noms qui ont bercé notre imagination naissante !

J'étais dans ma cabine et j'entendis des chants que les voix répétaient en chœur.

« — Allons, » me dis-je, « ces pauvres soldats n'ont pas tant souffert que je croyais. »

Et je m'empressai de monter sur le pont.

Sur l'avant du bateau, presque tous étaient réunis en cercle dans des tenues suffisamment pittoresques. — Les uns enveloppés dans leurs couvertures dont ils s'étaient drapés, ressemblaient à des Bédouins ; les autres avaient tourné ces mêmes couvertures autour de leurs corps et avaient encore sur eux ce désordre d'une nuit d'orage et sans sommeil ; quelques-uns tenaient à la main de petites gamelles dans lesquelles il y avait du café ; ceux-là croquaient à pleines dents un biscuit qui essayait vainement de se défendre ; d'autres cherchaient à conserver au milieu du roulis un équilibre souvent compromis. Au milieu de ce cercle auquel s'étaient mêlés les passagers, hommes et femmes, trônait un soldat, monté sur un banc. — C'était le chanteur de la troupe. Il connaissait sa supériorité, et il entonnait à pleins poumons cette touchante mélodie de P. Henrion que tout le monde connaît, les marins surtout, — *Si loin !* Cette mélodie par elle-même est pleine d'âme, de sentiment vrai ; dite ainsi au milieu de la mer, sur ce bâtiment isolé, par ces soldats qui partaient pour un rivage lointain, elle prenait un caractère étrange de triste mélancolie, et quand tous en chœur répétaient ces mots si simples :

> Je lui jette un mot et prie
> Pour ma mère, hélas ! si loin !... si loin !...

il me semblait que c'était un dernier adieu de toutes ces voix au foyer paternel et la prière du soldat pour sa vieille mère.

Il fallait voir comme chacun faisait silence. — Je suis sûr que l'impression que j'ai ressentie était dans tous les cœurs.

« — Savez-vous, » me dit le capitaine en passant près de moi, « que c'est un spectacle qui en vaut bien un autre. »

A ce chant succédèrent de joyeuses chansonnettes que les soldats accompagnaient de leurs rires et de leurs battements de mains.

A une heure, le dimanche, nous touchâmes au Pirée.

Le Pirée, c'est Athènes ; — Athènes, c'est le souvenir de notre enfance ; c'est le berceau de tous ces grands récits héroïques qui nous suivent pas à pas sur les bancs du collége et nous répètent sans cesse des noms immortels. — La pensée connaît Athènes avant que les yeux l'aient vue.

Il y a deux petites lieues à peu près du Pirée à la vieille ville ; dès que j'eus touché terre, je me mis dans une horrible voiture avec le lieutenant-colonel et deux officiers, et nous nous fîmes cahoter le plus vite possible par deux rosses étiques, que de l'intérieur nous entendions souffler comme de vrais marsouins.

Devant nous se déployaient déjà l'Acropolis et le Parthénon.

J'eusse voulu être seul et aller m'asseoir sur un de ces rochers nus et abrupts, pour me laisser vivre quelques heures par la méditation au milieu des ruines de la ville antique qui domine la nouvelle ville de toute sa majesté ; mais c'était un rêve de poëte ; et les bateaux à vapeur n'ont que bien peu de poésie.

XXIII

Il me fallut parcourir à la hâte toutes ces grandes choses du temps passé. La neige pendant la nuit était tombée avec abondance, toute la terre était blanche; et à travers les vieux portiques, à travers les colonnades à moitié détruites du temple de Jupiter olympien, au lieu d'un ciel bleu, je ne voyais que les nuages gris qui venaient à l'horizon tristement s'harmoniser et se confondre avec le blanc manteau étendu sur la terre. — Ces ruines vues ainsi sont plus solennelles; elles ne sont pas dorées d'un rayon de soleil, mais elles sont enveloppées d'un rayon de poésie. C'était, selon moi, un spectacle plus beau, plus grand que n'eût été celui d'Athènes avec ses riants jardins, ses vertes prairies, son ciel d'azur.

Entourés d'un froid manteau de glace qui semblait s'être étendu à leur pied, n'osant pas en atteindre le faîte, ces débris parlent plus gravement à la pensée et à la méditation.

Je dois dire que mes compagnons se contentaient d'avoir froid et ne partageaient pas mon opinion.

Je jetai un regard sur le monticule où siégeait l'Aréopage, tribunal suprême de la Grèce, et sur la petite prison creusée dans le roc où Socrate, entouré de ses disciples, prit la coupe pleine de ciguë, et après leur avoir appris comment on devait vivre, leur apprenait comment on devait mourir.

Puis nous partîmes bien vite pour retourner au Pirée.

« — Ce n'est que cela Athènes, » me dit un officier, « ma foi ce n'est pas la peine de tant en parler ; j'aime mieux ma dernière ville de garnison. »

(Qui sait? c'était peut-être Carpentras!) — Oh! ma pauvre Athènes, c'est bien la peine d'être si vieille et si renommée pour être traitée ainsi !

Le colonel ne dit rien, mais je crois qu'il avait à peu près la même opinion.

« — Et vous, qu'en pensez-vous ? » me dit l'officier.

« — Moi, » lui dis-je, « je n'ai jamais été en garnison. »

Le surlendemain nous touchions à Gallipoli, petite ville bien sale, bien laide et où je ne m'étonne pas que le choléra ait fait sa funèbre moisson.

A Gallipoli de la neige comme au Pirée, et le lendemain, de la neige à Constantinople. — Les toits blancs bordant la mer de tous côtés, semblaient d'immenses volées de mouettes prêtes à s'abattre sur le rivage.

Il faut voir Constantinople à travers le prisme de

son Bosphore et bien se garder d'y entrer. Je pourrais ici parler des sept tours et des murs crénelés de la ville, des sept collines sur lesquelles elle est bâtie en amphithéâtre, du palais du sérail, du vieux Stamboul, de Sainte-Sophie; mais je me sentais si près de la Crimée, que Constantinople, disparaissait devant moi; l'impatience me dévorait. — A peine si je m'apercevais que je nageais dans la boue et que mes pieds s'enfonçaient jusqu'à la cheville dans la neige.

Je m'embarquai tout aussitôt pour Kamiesh, et je me trouvai sur le bateau avec le général Niel et le colonel Vaubert de Genlis. J'avais pour ce dernier une lettre du colonel de Franconiere, chef du cabinet du Ministre de la guerre, je la lui donnai avec une caisse de cigares à son adresse; ce qui lui plut infiniment. — Nous fîmes vite connaissance, et il me présenta au général Niel. Le général, qui aujourd'hui dirige en chef les travaux du siége de Sébastopol, est un homme aimable, distingué; sa conversation est très-attachante.

Il nous parla du siége de Bomarsund, il nous raconta plusieurs épisodes très-intéressants de cette petite expédition si vite et si heureusement accomplie.

Les moindres détails, quand ils sont racontés

par celui-là même qui y a pris part, acquièrent un intérêt tout particulier.

Vous savez que pendant le siége de Silistrie, Omer-Pacha, qui craignait à chaque jour écoulé, que la place ne fût forcée de se rendre, à bout de ressources et de défense, pressait le maréchal de Saint-Arnaud par des courriers successifs d'envoyer des renforts à son secours. — Le maréchal fit alors demander à l'amiral Dundas des bâtiments pour transporter à la hâte des troupes de Gallipoli à Varna, mais l'amiral lui fit répondre que les bâtiments de guerre ne servaient pas, d'après les usages anglais, à transporter des troupes, et que c'était une règle jusqu'alors sans exception.

A Bomarsund, nous racontait le général Niel, lorsque la citadelle fut rasée, on pensa à se rembarquer; les moyens de transports étaient insuffisants, et un corps de 3 à 4000 hommes ne pouvait trouver place. 25 000 Russes environ tenaient la campagne, et ces troupes eussent été exposées à une attaque à laquelle leur petit nombre ne leur eût pas permis de résister.

Le général Baraguey-d'Hilliers fit appel à l'amiral Charles Napier pour obtenir de lui des moyens de transports, il éprouva le même refus dans les mêmes termes; mais la position était grave, il de-

manda une entrevue à l'amiral, qui vint à terre.
— A cette entrevue assistaient un contre-amiral anglais, et de notre côté le général du génie Niel.

Le général Baraguey-d'Hilliers exposa avec une grande énergie la position des troupes, l'urgente nécessité des transports qu'il demandait.

L'amiral Napier, s'appuyant toujours sur les règles établies, refusait avec regret, disait-il, lorsque le contre-amiral, dont le nom m'échappe, se leva et dit avec une dignité pleine de respect :

« — Amiral, le général français a raison, et l'honneur de l'Angleterre ne vous permet pas de refuser. »

L'amiral, après quelques paroles encore échangées, désira que la demande lui fût faite par écrit, disant qu'il y répondrait.

Le lendemain, les transports étaient à la disposition du général.

L'amiral Ch. Napier a pu voir que les Français payent au centuple les services qu'on leur rend.

Ensuite on parla de la Crimée, de l'Alma, de la mort si belle et si noble du Maréchal, des soldats, ces héros inconnus de chaque jour, et c'est ainsi, qu'au milieu d'intéressantes conversations,

XXVIII

dont je dévorais chaque parole avec un intérêt inexprimable, nous arrivâmes à Kamiesh.

Quelques minutes après, j'étais sur le sol de Crimée et j'entendais déjà retentir au loin le bruit du canon.

CINQ MOIS AU CAMP

DEVANT

SÉBASTOPOL

PREMIÈRE LETTRE [1].

Devant Sébastopol, 2 février 1855.

Les impressions que j'ai ressenties en arrivant en Crimée ne seront peut-être pas sans quelque intérêt pour ceux qui les liront; car elles sont en dehors de tout jugement fait à l'avance, de tout parti pris; ce sont celles d'un homme qui, au lieu de visiter les champs du passé où gisent les débris de plusieurs siècles, vient visiter les champs du présent où vit, s'agite et pense tout ce qui intéresse et préoccupe en ce moment le monde européen.

Quelques lignes sur Kamiesh, car Kamiesh, c'est l'âme, c'est la vie de ces milliers d'hommes débarqués sur une terre étrangère; — Kamiesh, c'est le trait d'union qui relie la Crimée à la France.

A côté de son port où arrivent chaque jour des

---

1. Ces lettres ont été adressées par l'auteur, pendant son séjour en Crimée, à S. Exc. le Ministre de l'intérieur.

approvisionnements de toute nature, et dans lequel séjourne la flotte commandée par l'amiral Bruat et prête à tout événement, Kamiesh a son port commercial.

Cette dénomination est peut-être bien orgueilleuse, lorsqu'il s'agit de quelques cabanes en bois et de tentes groupées les unes à côté des autres; mais enfin, il y a des rues; — la rue Napoléon, la rue Canrobert, la rue de Lourmel, je crois, la rue du Commerce.

Belles rues, en vérité, sans asphalte, sans trottoirs, sans balayeurs, mais que voulez-vous? — A la guerre comme à la guerre. — Les beaux jours on a de la boue seulement jusqu'à la cheville; les mauvais jours…. oh!.. n'en parlons pas; Dieu qui est bon les fera rares, j'espère.

Les cantines de toute espèce abondent, les inscriptions les plus splendides s'étalent devant les huttes des marchands, et l'on vous demande bravement des prix fabuleux de la moindre petite chose. — Que voulez-vous? la mer Noire est mauvaise, les temps sont durs, et la Crimée a des nuits bien froides! C'est le petit commerce qui vole en grand; — il faut bien que tout le monde vive.

A quelques minutes du port les camps commencent à s'échelonner, petits villages nomades qui s'élèvent comme par enchantement sous la main laborieuse de nos soldats.

C'est un spectacle étrange et curieux à la fois de parcourir ces plaines semées de boulets semblables à ces terrains rocailleux sur lesquels on ne saurait marcher sans heurter du pied une pierre. Le sol est effondré par les bombes. — De quelque côté que l'on se dirige, les terres déchirées offrent les mêmes traces, et cette semence de mitraille remplace les vignes chargées de grappes qui couvraient au mois de septembre une partie de ce plateau.

Ce qui m'a surtout frappé, c'est l'ignorance complète dans laquelle, ce que l'on est convenu d'appeler en France « l'opinion publique, » est de la réalité des événements qui se passent en Crimée. — Que les bons bourgeois, que les inquiets travailleurs de jeux de bourse, les semeurs de *nouvelles certaines* me permettent de le leur dire en toute conscience : « — ils ne savent rien du tout » et je conçois maintenant l'étonnement que devaient éprouver ici ceux qui lisaient les journaux en voyant ces bruits *de source certaine* tellement en dehors du plus petit reflet de la vérité.

Malheureusement, il faut le dire, on ne peut écrire ce qui se passe en Crimée ; ce serait commettre une imprudence cruellement préjudiciable peut-être à l'intérêt général, et la vie d'un homme pourrait bien être le prix de chaque ligne écrite.

Les journaux ne s'arrêtent pas dans la circonscription des parties intéressées ; en instruisant ses amis, on instruit ses ennemis, on découvre ses propres ressources, on met à nu ses moyens d'attaque; on éclaire ceux qu'il faut tromper, et l'on peut réduire à néant les conceptions stratégiques les mieux combinées.

Donc on n'est pas instruit à Paris ou en France des détails réels, parce qu'on ne doit pas en être instruit; mais lorsque les événements auront parlé, lorsque ce qui est encore l'inconnu aujourd'hui, appartiendra au domaine des choses accomplies, combien ceux qui s'empressent de porter des jugements seront étonnés! — et ils comprendront peut-être pourquoi les armées alliées entrées en Crimée depuis le 14 septembre ne sont pas encore dans Sébastopol.

Certes, le hasard quand il réussit est une magnifique chose, on le couronne de lauriers et on le glorifie des noms les plus pompeux, mais le hasard n'en est pas moins le hasard, malgré sa couronne et ses triomphes, et faut-il imprudemment lui jeter en pâture la vie de milliers d'hommes et compromettre peut-être une position certaine? — Je voudrais voir seulement vingt-quatre heures au milieu des camps ceux qui, en ouvrant leur journal du soir, disent avec insouciance et mauvaise humeur en le rejetant sur la table : « Comment! Sébastopol n'est pas encore pris? »

Attendez; avec la volonté de Dieu et notre bonne armée, vous l'aurez! — Quand? — La curiosité est un vilain défaut, à la guerre surtout.

Ici l'on n'en sait pas davantage. On craint beaucoup plus les indiscrétions que l'on ne craint l'ennemi; on s'entoure de mystère avec raison. — On parle peu, ou on ne parle point dans les hautes régions; à peine si le secret de la pensée se dévoile devant l'intimité la plus entière.

La veille du jour de l'ouverture du feu, on apprendra seulement la décision du général en chef; ce qui n'empêche pas qu'ici comme à Paris, on se livre à de journalières conjectures que la réalité du lendemain détruit; mais ce que je puis vous dire, moi, qui ai moins le droit qu'un autre d'être indiscret, c'est que jamais peut-être, expédition plus audacieuse, plus gigantesque n'a été entreprise; que jamais peut-être de plus grands, de plus formidables travaux n'ont été accomplis dans des conditions plus difficiles; que jamais peut-être il n'a été donné à une armée de prouver, comme l'a fait celle-ci, ce que peuvent une bonne organisation intérieure, une discipline sévère, une résignation sans limite, une force de volonté au-dessus des plus rudes épreuves et des plus douloureuses privations.

Le courage qui fait affronter à un soldat la balle ennemie ou le canon chargé à mitraille, n'est rien auprès de ce courage passif qui fait braver les éléments, les vents, la pluie, la neige, le froid qui gèle les membres et renverse inanimé à vos pieds le frère d'armes auquel vous serriez la main tout à l'heure. — Non, le courage qui donne sa vie, ne peut se comparer à cette énergie de race, à cette force suprême que rien ne démoralise, que rien n'abat et qui marche toujours la tête haute, le front calme dans la ligne du devoir et de l'abnégation.

Ce que je puis vous dire encore, c'est que 32 kilomètres de tranchées ont été ouvertes, c'est que nous sommes sur certains points à 130 ou 140 mètres de la place, c'est que chaque pelletée de terre a été enlevée par le bras d'un homme, qu'elle ait été trempée par des pluies continuelles ou enfouie sous la neige amoncelée, que des batteries formidables sont établies et que le jour de l'ouverture du feu le plateau de Chersonèse tremblera jusque dans ses fondements devant ce volcan qui bondira de toutes parts. — Ce sera un affreux mais un sublime spectacle ! Ce sera un orage des hommes plus terrible peut-être que les orages de Dieu.

Depuis que je suis arrivé ici, rien de très-important ne s'est passé.

Les Russes tirent environ trois mille coups par jour, voilà tout.

Le seul événement, c'est une sortie qu'ils ont faite dans la nuit du 31 janvier au 1er février.

Comme toutes les sorties se ressemblent, en vous parlant de celle-là, c'est vous dire ce qu'ont été toutes les autres (j'en excepte celle du 5 novembre, qui avait pour but de faire diversion à la bataille d'Inkermann et d'empêcher le corps de siége de renforcer le corps d'observation).

Dans la nuit du 1er février on entendit du côté de la tranchée sonner le *garde à vous* que le clairon de garde au Clocheton répéta aussitôt ; — il était à ce moment quatre heures du matin.

Les sonneries des *garde à vous* sont souvent des éveilleurs importuns et inoffensifs, qui donnent l'alerte, agitent un instant les esprits, mais l'écho silencieux, en ne répétant le bruit d'aucune fusillade, démontre que chacun est resté chez soi et que tous peuvent reprendre non leur sommeil, mais leur veille tranquille. — Ce n'est quelquefois qu'un bruit inaccoutumé qui a frappé l'oreille attentive de la sentinelle, une ombre qui s'était projetée aux clartés vacillantes de la lune, et qui peut recéler dans son sein l'approche lente et cachée de l'ennemi.

Mais cette nuit-là, l'alerte était réelle ; on entendait les coups de fusil, et par intervalle les hurrahs poussés par les Russes selon leur habitude; de plus, un planton accourait précipitamment annoncer l'attaque au major de tranchée qui, d'après les instructions reçues, conserve chaque nuit des bataillons en réserve.

Le point sur lequel l'ennemi faisait une sortie était à l'extrême gauche de notre troisième parallèle sur un boyau nouvellement ouvert, et contre lequel, depuis la veille, il avait fait un assez vigoureux feu d'artillerie.

Déjà des renforts étaient partis pour venir en aide aux troupes attaquées; ces renforts ne peuvent jamais arriver à temps pour être de quelque utilité aux compagnies engagées dans ces sorties, qui ne sont à vrai dire qu'un coup de main dont la durée ne dépasse guère douze ou quinze minutes; mais s'ils ne servent point pour ces attaques sans importance, ils ont pour but d'apporter un secours efficace, dans le cas où le combat prendrait un caractère sérieux, comme cela est arrivé le 5 novembre.

Nous entendîmes de la petite maison du Clocheton, siége du major de tranchée, une assez vive fusillade pendant quelques minutes, puis quatre coups de canon chargés à mitraille annoncèrent clairement que l'attaque avait été repoussée et que notre artillerie de campagne envoyait ce salut d'adieu à l'ennemi qui regagnait à la hâte ses positions.

Il faut le dire; en règle générale, ces attaques nocturnes doivent presque toujours être à l'avantage des assaillants, non comme importance réelle, car ces sorties n'en ont aucune et ne déplacent pas un pouce de terre dans nos travaux, mais comme perte d'hommes (dans une proportion relative, bien entendu); car quelques minutes se sont toujours écoulées avant que les compagnies, nécessairement développées sur une certaine étendue, puissent se grouper et offrir consistance; dès ce moment l'ennemi est vigoureusement repoussé. — Aussi, après avoir essuyé le premier choc, se garde-t-il bien de tenir pied.

Toutefois c'est une grande erreur, et que l'on

accrédite à tort, de dire que les Russes se battent mal et sans énergie ; d'abord cette assertion diminue le mérite de nos soldats qui, pris à l'improviste, lorsqu'ils sont le plus souvent trempés par la pluie ou transis de froid, sortent victorieux de ces combats inattendus, mais encore elle est entièrement dénuée de vérité.

Les Russes abordent nos tranchées très-vigoureusement, et ces petites escarmouches, pour être courtes, n'en sont pas moins fort meurtrières. — Ils vont même jusqu'à lancer des pierres qui, très-souvent, blessent nos soldats. Ils ont de plus, dans ces derniers temps, imaginé un nouveau mode de combat qui, avec raison, a paru inusité et quelque peu sauvage. Ils s'arment de crocs en fer et de lacets qu'ils lancent, et au moyen desquels ils essayent, en opérant leur retraite, d'entraîner quelques-uns de nos soldats. — Plusieurs officiers m'ont assuré, que lorsqu'ils regagnent leurs retranchements, et qu'ils sont poursuivis la baïonnette dans les reins, des hommes se détachent subitement à la faveur de la nuit, s'éloignant à une vingtaine de pas dans des directions différentes, puis se couchant à terre, tiennent une corde tendue ; vous comprenez que nos soldats arrivant au pas de course, sont renversés par cet obstacle inattendu, ce dont l'ennemi profite de son mieux, soit pour nous faire quelques prisonniers, soit pour nous tuer quelques hommes en se retirant.

Le général en chef, en ayant eu connaissance, s'est plaint par lettre de ce mode de guerre peu usité parmi les peuples civilisés, ajoutant « qu'il croyait devoir porter à la connaissance du général Osten-Sacken ces faits que sans doute il ignorait, qu'il lui laissait le soin de les apprécier, mais que dans notre vieux langage français cela s'appelait : « combattre à armes peu courtoises. »

Le général Osten-Sacken répondit : « qu'en effet il l'ignorait, mais que souvent les travailleurs entraînés par un élan subit se joignaient aux volontaires qui allaient la nuit attaquer l'ennemi, et qu'alors il était naturel qu'ils prissent pour se défendre les objets à leur portée pour s'en faire des armes offensives et défensives. » — C'est une réponse comme une autre.

Somme toute, ces sorties des Russes doivent leur coûter autant qu'à nous ; seulement le fait est difficile à constater, car ils sont maltraités surtout pendant leurs retraites et ils enlèvent, autant qu'ils le peuvent, leurs morts et leurs blessés.

Si l'on envisage le point de vue militaire, ces attaques sont très-bonnes pour nous ; elles habituent nos soldats aux agressions subites, inattendues, et leur montrent la nécessité impérieuse d'une veille assidue dans les tranchées.

Les Russes en ont sans doute compris l'inutilité, car ils ne les renouvellent que très-rarement. — Du 20 janvier au 1er février rien n'avait été tenté par eux. Mais dans quelques jours la lune, cette protectrice céleste, va nous abandonner et peut-être profiteront-ils de l'obscurité de la nuit pour recommencer leurs attaques. En tout cas, ils peuvent être assurés d'être bien reçus.

Le revers de la médaille, c'est l'ambulance ou arrivent un à un des brancards portant des blessés; c'est ce petit coin de terre ou gisent étendus les morts que la mitraille a broyés.

Le jour de la dernière sortie, je suis allé visiter l'ambulance.

Je n'oublierai jamais l'impression profonde que j'ai ressentie en entrant dans ce triste séjour de la douleur et de la mort.

Il était cinq heures environ ; les premières clartés du jour se montraient à peine et devant la porte de l'ambulance provisoire étaient rangés des blessés étendus sur les brancards, et attendant une place vide ; soit dans l'endroit qui sert de salle d'attente, soit dans celle où se font les pansements. — Peu se plaignaient; à peine si l'on entendait sous la capote qui les recouvrait quelques gémissements; ce silence était plus triste que ne l'eussent été des cris ou des plaintes.

Je m'étais arrêté, et je regardais avec une émotion profonde tous ces hommes qui, un instant auparavant, étaient pleins d'audace et de courage. En vain, parmi eux, je cherchais à découvrir un mouvement qui décelât la vie ; tous étaient immobiles. Cependant, sur l'un des brancards les plus rapprochés de moi se soulevait faiblement une capote, et le bras du blessé cherchait à atteindre le brancard que l'on avait placé à côté du sien; un instant après, deux mains se touchaient. Celui qui le premier avait cherché cette étreinte fraternelle, rejeta tout à coup la capote dont on l'avait couvert, et aux premières lueurs du jour je le vis lever la tête, essayer de se soulever, puis retomber. — Je me penchai sur lui; le pauvre soldat était mort. — Cette main étendue qui voulait presser une autre main, avait été le dernier adieu du mourant à un frère d'armes.

J'entrai précipitamment dans l'ambulance.

Le chirurgien venait d'achever de panser un jeune capitaine du génie qui avait eu la cuisse broyée par une balle ; jamais je n'ai vu plus de calme, de résignation et de froid courage.

J'étais avec un chef d'escadron d'état-major qu'il connaissait ; aussitôt qu'il l'aperçut, il lui serra la main et se mit à lui raconter les détails de la sortie qui venait d'avoir lieu avec autant de calme que s'il eût été assis sur un lit de camp, causant avec des amis d'un fait auquel il eût été lui-même complétement étranger. — Un quart d'heure après on lui amputait la cuisse.

J'ai vu un jeune soldat qui avait les deux jambes brisées et qui chantonnait un refrain militaire pendant que le chirurgien retirait les morceaux brisés de sa double blessure.

Un autre qui avait eu le bras emporté par un boulet se contentait de répéter, en secouant la tête avec un mouvement de mauvaise humeur marquée : « Et dire que c'est pour faire enrager papa et maman Gibert que l'on s'est engagé ! »

Quel contraste étrange, même dans ce dernier asile de la souffrance et de la mort !

Je vous le disais tout à l'heure, c'est le revers de la médaille ; mais ce revers a un cachet d'énergie et de patriotique résignation qui m'a frappé. — C'est pour cette raison que je vous ai parlé peut-être trop longuement de ce triste sujet.

La mort qui frappe un soldat à son poste n'est pas semblable à cette mort qui vient vous chercher dans le foyer domestique. Personne, parmi ceux qui travaillent à la tranchée au milieu des balles qui sifflent et des bombes qui éclatent, ne pense à plaindre celui qui tombe; ses camarades suivent du regard le brancard qui l'emporte jusqu'à ce qu'il ait disparu, puis le travail recommence.

Je ne mets aucun nom quand je vous parle des blessés ou des morts, pour ne pas être, à mon insu peut-être, le messager d'un malheur.

Le lendemain de cette sortie, les clairons du côté des Russes annoncèrent un parlementaire. Le drapeau blanc fut hissé, le feu cessa des deux côtés, et un aide de camp du général Osten-Sacken s'avança vers le lieu désigné pour les entrevues. — Je vous parlerai plus tard de cet endroit et de la façon dont se passent les choses.

Cet aide de camp avait une lettre du général russe pour le général en chef de l'armée française.

Après avoir remis ce pli cacheté, il dit à notre parlementaire :

« — Voici une lettre qui a été dictée par deux officiers français blessés qui sont à l'hôpital de la ville. »

En effet, deux officiers avaient disparu dans la sortie de la veille. — Quel avait été leur sort? On l'ignorait. Les soldats se rappelaient bien les avoir entendu crier : « En avant!... » et se précipiter sur l'ennemi, mais ils avaient disparu dans la mêlée. Tous deux étaient tombés blessés grièvement, et cette lettre, ils avaient prié qu'on la fît porter au camp français.

Cet écrit, je l'ai vu, et je ne puis vous dire l'impression profonde que j'en ai ressentie. — C'était de la part des deux mourants un adieu à la vie et à leurs amis.

Voici ce que j'ai lu :

« Je suis à l'hôpital de Sébastopol; je vais mourir : j'ai été blessé d'abord d'un coup de feu au bras droit, puis d'une pierre à la tempe qui m'a renversé, et à terre d'une balle à la hanche et d'un coup de baïonnette; c'est fini pour moi; adieu mes bons amis, je vous serre à tous la main; adieu mon beau régiment que j'aimais tant et qu'il me faut quitter sitôt; adieu ma sœur; ne pleure pas, ma bonne mère, je suis mort en soldat; je t'attends là-haut. »

(Au bas était la signature.)

Et au-dessous de la signature, il y avait :

« Je meurs en soldat et en bon chrétien. »

Puis au bas de la page :

« Ceci a été dicté par les soussignés à un interprète, pour que cet écrit fût porté au camp français. »

Je ne sais rien de plus à leur égard.
Dieu veuille qu'ils n'aient pas succombé à leurs blessures [1] !

Peut-être ai-je tort de vous entretenir de ces tristes épisodes, mais je vous écris mes impressions comme elles m'arrivent, selon les faits dont je suis le spectateur. — Ce serait faillir à la vérité que de vous cacher une des faces de ce grand panorama d'événements divers qui s'offre à la vue et parle à la pensée.

Les événements marchent, les impressions aussi, et au milieu de cette multitude d'épisodes en contraste les uns avec les autres, qui se multiplient chaque jour, chaque heure, chaque instant, elles s'effacent promptement pour faire place à d'autres, semblables au sillage léger que laisse une barque

---

1. J'ai appris depuis que tous deux étaient morts.

sur l'eau. Ne cherchez donc aucune suite; ici la vie de chacun et de tous appartient à l'imprévu. — Aux heures les plus tranquilles succèdent les heures les plus agitées : c'est (permettez-moi le mot) une mêlée d'inquiétude et de confiance, de sommeil tranquille, de réveil subit, de silence et de bruit, de soleil et de neige; la nature elle-même semble suivre ces oscillations perpétuelles et semer au hasard ses pluies et ses beaux jours.

Lorsque j'ai commencé à écrire cette lettre, le canon m'assourdissait par ses retentissements, et par moment j'entendais éclater des gerbes de bombes, dont quelques-unes peut-être allaient frapper nos travailleurs dans la tranchée; maintenant le canon a cessé; pas la moindre fusillade; tout est calme et silencieux, et l'on se sent le désir de faire seller un cheval pour aller visiter Sébastopol.

Mais soyez tranquille, dans dix minutes tout sera changé, le vacarme recommencera et le cheval, s'il est sellé, restera bel et bien à l'attache.

DEUXIÈME LETTRE.

Devant Sébastopol, 12 février.

Rien de nouveau n'est survenu depuis ma dernière lettre, du moins à l'heure où je vous écris, si ce n'est le courant ordinaire de la guerre : quelques hommes tués ou blessés, quelques communications nouvelles ouvertes dans nos tranchées, quelques espérances de plus, quelques jours passés. — Les Russes continuent à lancer des projectiles en assez grand nombre; cependant cela ne peut se comparer au feu des premiers mois : quant à nous, nous ne répondons pas, ou du moins nous répondons fort peu, et notre silence doit, ce me semble, donner plus à penser à nos ennemis que ne le feraient nos boulets.

Depuis les quelques jours de feu que nous avons fait du 17 octobre au 6 ou 7 novembre, rien n'a été tenté contre la place, et l'effectif de guerre se résume à quelques sorties des Russes, semblables à celles dont je vous ai parlé. — Aucune n'a eu lieu depuis le 1er février. On dirait, que des deux parts, on sent que le moment décisif approche, et qu'il ne faut pas s'épuiser dans des tentatives inutiles. — Les uns et les autres nous aurons besoin de toutes nos forces vives et, comme au vieux temps de la chevalerie, de mettre tous nos pennons dehors.

Vous devez comprendre que les mois qui se sont écoulés, s'ils n'ont pas été perdus pour les assaillants, ne l'ont pas non plus été pour la défense. La ville est formidablement retranchée de toutes parts et de toutes façons. Les travaux en terre valent les travaux en pierre; et tout ce qu'il y avait de terre dans Sébastopol et autour de ses remparts a été remué pour servir au salut de la ville. — De quelque côté que l'on tourne ses regards, on voit des batteries protégées par des terrassements énormes et des abattis. (Ce sont, vous le savez, des troncs d'arbres enfouis en terre et dont les branches entrelacées, épointées et durcies au feu protégent les travaux de la place en arrêtant les colonnes d'assaut, offrent aux assiégeants une résistance terrible et les forcent, avant qu'ils puissent franchir cet obstacle, à supporter un cruel feu de mitraille.)

De l'observatoire du quartier général on voit très-distinctement d'immenses amas de projectiles. — La ville ne semble plus une ville ; on dirait, à la regarder avec une longue-vue, qu'elle a été bouleversée par un tremblement de terre, et l'intérieur a cet aspect silencieux qui semble le pronostic de grands événements. On ne découvre que des hommes travaillant tous à l'œuvre commune et traversant avec des fardeaux, la passerelle qui sert de communication dans l'intérieur du port, et que nos batteries, quand il en sera temps, feront lestement sauter, je l'espère.

L'attaque sera vive, puissante, effroyable ; — la défense, je n'en doute pas, sera rude et opiniâtre.

De nouvelles tranchées s'organisent du côté de la tour Malakoff, sous la direction du général Bosquet, commandant le second corps d'armée.

Je voudrais, au lieu de ne vous parler que des travaux d'ensemble, entrer dans les détails de nos plans d'attaque ; mais la réserve que je me suis imposée et qui, je crois, est pour tout homme de bon sens une impérieuse nécessité, me contraint au silence.

Il y a ici deux partis bien distincts. — L'accord parfait et l'union de jugement et d'appréciation sont aussi impossibles à trouver que le mouvement perpétuel ; sans cela la vie aurait trop de roses et pas assez d'épines.

Donc, les uns disent : « Nous pourrions, nous devrions être dans Sébastopol; après la bataille de l'Alma d'abord, ensuite après Inkermann. »

C'est possible, je n'en disconviens pas, si les rapports des déserteurs sont vrais, si la panique de cette boucherie du plateau d'Inkermann avait tellement frappé les esprits, que la ville n'eût opposé qu'une faible résistance. — Telle est la question. « SI, » est un grand mot composé de deux lettres, et qui contient toutes les éventualités du hasard, toutes les terribles et aventureuses péripéties de l'imprévu. « *That is the question*, » a dit le grand Shakspeare.

D'abord, le pouvait-on ? Étions-nous dans la position de tenter ce coup décisif, et de résister à un insuccès sinon probable, du moins possible ? Les Anglais, épuisés d'hommes et de forces par leur héroïque résistance, étaient-ils en état de nous seconder ? — Non. Ils le déclaraient dans un conseil tenu le 6 novembre. — Devions-nous agir sans eux ? Cette attaque subite, formidable de l'ennemi ne devait-elle pas faire supposer des renforts considérables dans la ville, ou du moins en dehors? — Certes le désordre jeté dans les esprits par la victoire d'Inkermann nous eût grandement servi, mais alors c'était pour la garnison une question de vie ou de mort, et protégée par le corps d'armée de Liprandi, qui peut prévoir les efforts de désespoir qu'elle eût tentés?

Ce ne sont que des conjectures, mais basées sur des probabilités.

D'autres disent que le général en chef a bien fait de ne pas compromettre sa position et la vie de ses soldats, et, après la tentative infructueuse du 17 octobre, de ne recommencer à parler, haut la voix, du canon et des baïonnettes, qu'après toutes les mesures prises, toutes les probabilités prévues.

On a, selon moi, beaucoup trop calomnié Sébastopol, on l'a fait trop petit, trop faible, trop innocent; on le représentait sans voix pour crier, sans bras pour se défendre, et l'on ne se souvenait pas que c'est un des ports les plus importants que compte la Russie, la clef de sa navigation dans la mer Noire, et l'un de ses arsenaux les plus puissants et les mieux approvisionnés.

Je ne préjuge rien, je raconte ce que j'entends dire par des personnes dont l'opinion a valeur. — Il y en a dans les deux partis; l'avenir prononcera. Quand nous serons dans Sébastopol, car nous y entrerons, nous verrons si l'audace eût mieux fait que la prudence; et la réalité, cette épée plus redoutable encore que celle d'Alexandre, viendra trancher ce nœud gordien.

Puisque les événements sérieux font relâche aujourd'hui, voulez-vous que nous causions un peu d'autre chose?

C'est un magnifique spectacle que celui de ce grand plateau de Chersonèse, couvert de tentes qui semblent d'immenses troupeaux de moutons couchés à terre, et qui tantôt se dérobent derrière un mamelon, tantôt, au contraire, s'étendent sur le versant des collines et en dominent les crêtes qu'elles dentellent de leurs dessins bizarres.

Ce plateau est coupé de ravins profonds qui se contournent à l'infini et se perdent à l'horizon dans les gorges des montagnes. Quelques parties éloignées sont encore boisées; ce ne sont pas de hautes futaies, mais des broussailles épaisses, à peu près à hauteur de poitrine.

Tout ce qui avait un aspect de végétation dans la partie que nous habitons a disparu. — Vignes, arbres, plantes et broussailles, ont servi à alimenter le feu pendant les jours de grand froid. Il y avait quelques maisons de campagne, avec des parcs dessinés et de jolis jardins; les plus importantes seulement sont restées debout, les autres ont été démolies, et l'on a employé les charpentes. Mais de grandes portions de terrain étaient rocailleuses et incultes, toutes les habitations nouvellement établies, quelques-unes même inachevées.

Le Clocheton, qui est la demeure du major de tranchée où j'ai reçu l'hospitalité, appartenait à un prêtre protestant; il y avait une serre remplie de plantes de toute espèce; elle était arrangée avec ce soin qui dénote la présence d'une femme qui soigne les fleurs, parce qu'elle les aime; — les femmes et les fleurs se sont toujours bien entendues ensemble.

En effet, le prêtre avait une fille; on trouva la maison vide et un chatte noire assise sur le seuil. Il y avait trop de recherche dans certaines parties de cette petite maison inachevée encore, pour ne pas comprendre que les meubles avaient été cachés, sinon enlevés. Nos soldats cherchèrent et trouvèrent. — On découvrit dans un silo des meubles et des vêtements de jeune fille, un chapeau rose, des papiers, quelques lithographies encadrées, dont plusieurs représentaient des sujets religieux. — De tout cela il ne reste que la table sur laquelle j'écris, une armoire, que les soldats ont apportée au colonel Raoult, major de tranchée, une chaise, deux ou trois lithographies et la chatte noire qui dort en ce moment sur mes genoux et mêle son ronflement psalmodique aux canons qui lancent de minute en minute leurs volées dans les airs. C'est le seul être vivant qui soit parmi nous pour attester le passé; c'est l'hôte de la maison et non de ceux qui l'habitent, c'est l'ami fidèle de cette pauvre petite habitation qui tombe à moitié en ruine et que trois boulets ont déjà traversée; — il nous aime parce que nous y sommes; quittons-la, il ne nous connaîtra plus, et peut-être la verra-t-on un jour, notre chatte, sur les ruines du Clocheton, comme nous nous l'avons vue sur le seuil. — C'est pour nous une société qui nous occupe et nous amuse; son absence nous attristerait visiblement.

Au moment où j'écris ces lignes, entre un officier qui se rend en parlementaire.

Je vous ai dit dans ma dernière lettre, je crois, que je vous parlerais de l'endroit où se rendaient les parlementaires des deux camps, et de la façon dont les choses se passaient; aussi, pour tenir ma promesse, je vais accompagner cet officier qui est porteur d'une lettre pour le général Osten-Sacken.

Je reviens de mon excursion dans le camp ennemi, et, puisque je n'ai rien de mieux à vous dire, je vais vous raconter ce que j'ai vu.

L'endroit fixé d'un commun accord pour la rencontre des parlementaires est vis-à-vis la gauche de l'attaque française, près de l'angle aigu du coin nord du grand cimetière, par rapport à la place.

Lorsque nous fûmes arrivés dans la tranchée de gauche faisant face à l'angle du cimetière, un hussard que nous avions avec nous éleva au-dessus de la tranchée le pavillon blanc (une serviette attachée au bout d'une lance), un clairon qui nous accompagnait sonna : *Cessez le feu!* — Cette sonnerie fut aussitôt répétée à notre droite et à notre gauche pour prévenir nos tireurs ; puis le capitaine et moi nous montâmes sur la tranchée. — Le capitaine tenait le drapeau blanc. Le clairon sonna quatre appels selon l'usage ; mais comme le pavillon tardait à se hisser du côté des ennemis et que le vent qui nous était contraire nous empêchait d'entendre leurs sonneries, nous nous avançâmes sur le terre-plein, suivis de l'interprète, du hussard portant le drapeau et du clairon. Nous nous dirigions vers le cimetière ; les feux avaient cessé de part et d'autre, toutefois nous n'apercevions encore personne du côté des Russes.

La nuit précédente il avait neigé en assez grande abondance, et nous marchions lentement sur cette plaine devenue tout à coup silencieuse; nos pas s'imprégnaient sur la nappe blanche que n'avait foulée aucun pied humain. Cinq ou six petites embuscades en terre et en pierre s'élevaient seules sur ce sol aride, ayant des terrassements pour les protéger et de petites embrasures pour appuyer le canon des fusils. Quatre Russes sortirent de la première, lorsque nous avions fait à peu près trente ou quarante pas et nous empêchèrent de marcher plus avant.

On avait été prévenir un officier d'état-major de la place.

La distance à parcourir est sans doute assez grande, car nous attendîmes une vingtaine de minutes environ.

Quoique j'eusse les pieds dans la neige et qu'il fît un vent très-vif et très-froid, j'étais loin de me plaindre du retard du parlementaire russe, ce retard me permettait d'examiner dans toutes ses parties le paysage qui se déroulait devant moi et d'en contempler le spectacle curieux et nouveau.

Nous étions à 150 mètres environ du grand mur crénelé de la place, entre le bastion de la Quarantaine et le bastion central[1]. Ce mur est terminé par de grands ouvrages en terre, au-dessus desquels nous ne tardâmes pas à apercevoir une multitude de têtes qui nous examinaient à l'envi. — Peu à peu ces têtes devinrent des corps entiers, et ces corps, des groupes mouvants dont les silhouettes grisâtres se détachaient sur le ciel. Peu à peu aussi les soldats cachés dans les petites embuscades de la plaine autour de nous sortirent de leur abri de pierre et communiquèrent entre eux. — Quelques-uns causaient; le plus grand nombre courait à droite et à gauche pour se réchauffer, ou frappait du pied sur la neige qui s'éparpillait, et, fouettée par le vent, voltigeait dans l'air en petites étincelles blanches.

Malgré les ordres donnés, il était bien difficile d'empêcher nos soldats de se montrer derrière leurs tranchées, placées, je crois vous l'avoir dit, à 60 ou 80 mètres des embuscades russes, ce qui en effet peut instruire nos ennemis approximativement de la quantité de troupes qui garde sur chaque point nos ouvrages et leur rendre ainsi

---

[1]. Les Russes désignent sous les noms : — bastion 4, celui appelé par nous le bastion du Mât; — bastion 5, le bastion de la Quarantaine; — bastion 6, le bastion central.

plus favorables les tentatives qu'ils pourraient essayer.

Pour moi, je ne pouvais m'empêcher de regarder d'un œil avide ces hommes sans haine mutuelle qui les animât les uns contre les autres, maintenant tranquilles et inoffensifs, et qui dans un instant allaient recommencer à s'entre-tuer de leur mieux. — Cette position de deux ennemis qui passent depuis des mois les jours et les nuits à se guetter comme feraient des bêtes fauves sur le seuil de leurs tanières, nos tranchées si rapprochées de la place, ce village à moitié broyé par la mitraille et dans lequel le brave général de Lourmel avait été frappé mortellement, et qui lui aussi, image à moitié vivante encore de la destruction, élevait çà et là ses membres de pierre déchirés par les boulets, ce cimetière qui parlait de la mort aux vivants, ces projectiles de toute espèce qui jonchaient le sol et que ne recouvrait pas encore entièrement la neige tombée la nuit précédente; tout cela avait une poésie triste et sauvage.

« — Tenez, me dit l'officier que j'accompagnais et qui était un capitaine d'état-major, vous voyez bien ce village, là, sur notre gauche?

« — Très-bien.

« — Et cette maison blanche sans toit dont les murs sont entr'ouverts ?

« — Parfaitement.

« — Elle forme, vous le voyez, l'extrémité la plus rapprochée du village du côté de la place. — Le 5 novembre, le général de Lourmel venait de dépasser cette maison à la tête de sa brigade divisée par portions dans ce terrain, lorsqu'il fut frappé d'une balle qui lui traversa les poumons. Quoique mortellement atteint, il resta ferme et impassible à cheval ; mais il se dissimulait si peu la gravité de sa blessure qu'il avait envoyé dire au colonel Niol, placé un peu en arrière sur la droite, qu'il lui remettait le commandement.

« Quelques minutes après arriva près de lui le commandant D'Auvergne, aide de camp du général Forey, qui venait lui dire d'arrêter la poursuite, les Russes étant suffisamment refoulés, et d'opérer sa retraite en se repliant sur la brigade d'Aurelle.

« Le général de Lourmel lui dit à demi-voix :

« — Je suis blessé, commandant.

« — Grièvement, général ?

« Celui-ci, sans répondre, inclina la tête.

« — Croyez-vous pouvoir conserver le commandement ?

« — Non, j'ai fait prévenir le colonel Niol ; transmettez-lui les ordres.

« Le commandant allait s'éloigner, lorsqu'il vit le général pâlir et appuyer une de ses mains sur l'encolure de son cheval.

« — Vous souffrez, général, lui dit-il, voulez-vous que je vous aide à descendre de cheval?

« — Non, non, répondit celui-ci d'une voix brève, tant que je pourrai je resterai.

« Le commandant partit au galop transmettre l'ordre de retraite au colonel.

« Quelques instants après le brave général fut forcé de descendre de cheval aidé par son aide de camp.

« A peine s'il pouvait marcher, et, n'ayant aucun brancard, il était très-difficile de le transporter au milieu de la retraite qui commençait à s'effectuer.

« On devinait sans qu'il prononçât un seul mot, à l'expression seule de sa physionomie, avec quelle désolation il quittait un des premiers le champ de bataille ; — il voulut remonter à cheval, mais fut presque aussitôt obligé de redescendre une seconde fois. — Tous les cinq ou six pas, il s'arrêtait et se retournait faisant face à l'ennemi, comme s'il eût voulu jusqu'à la fin braver la mitraille qui pleuvait autour de lui.

« Aussitôt que l'on put avoir un brancard, on le transporta à la maison qu'il habitait et qui était très-voisine de celle du général Forey. — Pendant tout le trajet il se tint assis, appuyé tantôt sur un bras, tantôt sur l'autre.

« Pauvre et brave soldat, il a lutté pendant trois jours; le troisième, il est mort ayant parfaitement conservé le sentiment et la pensée, et disant adieu à tous ceux qui l'entouraient.

« C'est une grande perte, allez; il devait être tué, il était trop audacieusement imprudent. Mais combien il avait le feu sacré de la guerre! — jamais je n'ai vu un courage plus chevaleresque et plus entraînant. »

Le capitaine venait à peine d'achever ce triste récit, que tous deux nous aperçûmes un officier russe qui débouchait de l'extrémité des travaux en terre, suivi d'un soldat à cheval qui portait également un drapeau blanc. Tous deux descendaient au galop le flanc de la colline. Ils disparurent bientôt dans le ravin et le temps qu'ils mirent à le traverser et à reparaître, indiquait que ce ravin devait être large et profond.

Lorsque l'officier fut arrivé à l'angle aigu du cimetière, il descendit de cheval et vint à notre rencontre. — Il appartenait à l'état-major du général

Osten-Sacken, commandant la place : il portait une casquette en cuir verni noir sans aucun galon ou ornement, une capote grise entièrement semblable à celle des soldats et de grandes bottes à l'écuyère ; sa seule arme était un sabre qu'il portait en bandoulière.

Nous fîmes quelques pas à sa rencontre et nous nous saluâmes.

Cet officier, du reste, comme presque tous les Russes appartenant à la haute société, s'exprimait très-bien en français. Nous lui remîmes le pli du général en chef, et après avoir échangé quelques paroles de politesse, nous nous saluâmes de nouveau, et chacun reprit la route de son camp respectif.

Comme le parlementaire russe avait plus de terrain que nous à parcourir, nous attendîmes debout sur la tranchée qu'il eût atteint le sommet de la hauteur dont il était descendu.

Quand il y fût arrivé, il s'arrêta ; un soldat alla à un mât au haut duquel avait été hissé un drapeau blanc pour faire cesser le feu de la place. L'ordonnance abaissa aussi son drapeau, et nous vîmes distinctement (tant l'horizon en ce moment-là était clair) l'officier ôter sa casquette, s'incliner sur l'encolure de son cheval, puis disparaître.

C'était le signal qui annonçait la reprise des hostilités. — Nous saluâmes de notre côté et nous descendîmes de la tranchée.

Une minute ne s'était pas encore écoulée, qu'une bombe lancée de la place éclatait à 100 mètres de nous et la fusillade recommençait entre les embuscades et nos postes avancés.

Comme le départ du courrier n'est que le 16 au matin, j'attendrai jusqu'au dernier moment avant de fermer cette lettre, dans le cas de quelque événement nouveau; car chaque jour, chaque nuit, chaque heure même peut changer l'état des choses; nous sommes dans une position grave, où tout incident, frivole en apparence, peut acquérir une grande importance. — Ici le terrain est brûlant, l'air est rempli de feu; l'ennemi peut tout à coup se précipiter sur nous, comme le 5 novembre, avec des forces considérables et nous livrer bataille. Pour moi, je suis convaincu que lorsque nous ouvrirons réellement le feu, nous devons nous attendre à les voir apparaître. — Les règles de la guerre ne disent-elles pas qu'il faut livrer une bataille, dût-on la perdre, pour essayer de sauver une ville.

Le temps, qui est surtout ici le grand dispensateur des événements, varie à l'infini. Avant-hier c'était la neige et la grêle, hier le soleil et un ciel bleu, aujourd'hui la pluie et un vent si terrible qu'on le dirait envoyé par nos ennemis pour renverser les rares maisons qui restent encore debout.

Depuis le terrible ouragan du 14, le vent fait peur.

Figurez-vous en effet cette tempête effroyable, les tentes pêle-mêle les unes sur les autres; celles-ci enlevées dans les airs et tournoyant comme eussent fait des plumes arrachées à un oiseau, les autres roulant sur la terre avec une telle violence qu'elles entraînent tout ce qui se trouve sur leur passage, les chevaux renversés, les hommes à demi broyés s'accrochant à ce qu'ils rencontrent sous leurs mains désespérées, des tables, des chaises, tournoyant dans l'espace et menaçant d'écraser des têtes humaines dans leur chute, des vêtements de toute nature obscurcissant l'air dans leur vol insensé, le sifflement de la tempête mêlé aux cris de cette foule subitement éveillée et que l'effroi terrifie; — n'est-ce pas un spectacle qui doit s'être gravé dans les mémoires?

Et nos pauvres soldats dans la tranchée qui veillent et travaillent; je ne puis voir ces affreux temps sans me sentir le cœur serré.

16 février. — Rien de nouveau, la vie commence vraiment à devenir monotone.

Les Russes semblent avoir porté toute leur attention sur la tour Malakoff, devant laquelle, comme je vous l'ai dit, nous construisons des ouvrages avancés ; cela les inquiète fort, et ils ont raison.

Le temps s'est définitivement mis au beau depuis trois jours.

Si vous saviez avec quelle joie est reçu le plus petit rayon de soleil. — Toutes les voix semblent l'appeler, tous les visages lui sourient ; vraiment, il serait bien ingrat de ne pas nous rester plus longtemps, et l'exemple de l'ingratitude, cette plaie de l'humanité, ne doit pas descendre du ciel. — Voyez, toutes les tentes s'ouvrent. On oublie vite les souffrances et les épreuves : « le passé est un squelette que le présent couvre bientôt d'un manteau d'or, » disent les Arabes.

Rien n'est plus étrange, plus pittoresque, plus réjouissant à la fois que de voir tout ce que produisent sur les misères de la vie humaine quelques heures de soleil. — Les soldats courent aux fontaines voisines et se font blanchisseuses, les chevaux hennissent, chacun cherche à approprier de son mieux sa petite *turne* et à lui ôter l'aspect des mauvais jours ; pendant ce temps, sur les différents points du plateau, se répondent au loin, comme les mots des cors dans les forêts, les musiques des régiments. — Je ressens une impression de tristesse et de joie, en entendant sur ce sol aride et dévasté les polkas les plus nouvelles de mes amis Alary et Quidant, les valses les plus tourbillonnantes de Strauss, et cela, avec l'accompagnement obligé du canon, des bombes qui éclatent et de la fusillade engagée entre les postes avancés. — Cette musique vive, alerte, gaie, vous parle des jours écoulés, elle rappelle à la pensée tout ce qui est absent, si ce n'est dans les cœurs; c'est un écho de cette chère France à laquelle chacun envoie ici tous ses souvenirs et tous ses vœux.

TROISIÈME LETTRE.

Devant Sébastopol. 17, 18 et 19 février.

Ma lettre commence encore aujourd'hui comme les autres : rien de nouveau, et, pour me servir du langage officiel, « rien d'important n'a été tenté contre la place. »

Le temps est beau, du moins depuis quelques jours, mais le vent souffle avec violence et pousse devant lui les nuages amoncelés à l'horizon; — je ne vous parle pas du canon, des bombes et de la fusillade; c'est le revenu de tous les jours, et nul n'y fait attention; le contraire étonnerait davantage et ouvrirait aussitôt le champ aux suppositions. — Le canon est devenu pour nous un véritable baromètre; on le consulte en l'écoutant, voilà la seule différence.

Seulement les Russes mettent de la fantaisie dans leurs feux : ils cessent tout à coup, lançant à peine quelques boulets, enfants perdus qui s'en vont dormir dans le fond d'un ravin, puis tout à coup sillonnent l'air de gerbes enflammées, et fatiguent les échos du bruit de leurs canonnades.

Ma lettre finira-t-elle comme elle commence? — C'est un secret que nul ne peut pénétrer. C'est l'imprévu, volcan entr'ouvert sur lequel nous vivons chaque jour.

Ne faut-il pas mieux ne rien vous dire, que de vous envoyer quelques-unes de ces nouvelles étranges puisées dans le domaine de l'imagination, mais certes pas dans celui de la réalité ?

Ainsi je lis dans un grand journal qui répète avec bonne foi d'après une correspondance particulière : « Que la place est endommagée sur plusieurs points et que nos hardis francs-tireurs pénètrent dans les faubourgs quands ils le veulent. »

Certes, nos francs-tireurs sont hardis, mais jusqu'à présent leur hardiesse n'a pu leur servir à pénétrer dans aucun faubourg, vu que la ville n'est point endommagée, et que l'entrée en est fortifiée et gardée, comme le sont toutes les faces de Sébastopol. — Oui, nous y entrerons; oui, nous battrons en brèche ces remparts bardés de fer, ces bastions si redoutables, lorsque nous vomirons notre pluie de mitraille, et que nous ouvrirons de tous les côtés à la fois nos cratères enflammés; alors nos baïonnettes se montreront irrésistibles comme à l'Alma, comme à Inkermann, et dussions-nous former des murailles humaines pour escalader les murailles de pierre, le drapeau de la France sera victorieux; — mais l'heure n'est pas venue; l'heure tant désirée, tant attendue! La voix qui seule peut dire: *Partez!* se tait encore, et les chefs comme les soldats dévorent leur impatience.

Pour le moment, nous nous contentons d'augmenter nos travaux, d'avancer nos parallèles, d'armer nos batteries; labeur pénible, mais qui n'a pas été discontinué, quoique je lise le contraire dans les journaux.

Quant à présent, nos tranchées que j'ai parcourues presque tous les jours jusque dans leurs plus petites communications, resteront comme le souvenir du travail le plus gigantesque qui ait jamais été accompli et comme la trace vivante d'une infatigable volonté. — Mais ce qu'il faut admirer surtout, et ce que vous ne pouvez apprécier ni comprendre au sein de votre belle et grande ville, c'est le soldat dont le visage sourit au premier rayon de soleil, et qui, pour récompense de tant d'épreuves passées, de tant de souffrances, ne demande qu'à se faire tuer le plus tôt possible au cri de: vive l'Empereur!

« — A la bonne heure, disait l'autre jour le général de tranchée à un chasseur dont il examinait le fusil ; voilà une arme propre et bien tenue.

« — C'est ma maîtresse, mon général, répondit le soldat en riant ; aussi je la soigne de mon mieux et je la caresse tous les jours.

« — Tu as dû souffrir à ta dernière garde, car il faisait bien froid.

« — Comme les autres, mon général, mais je n'en sais plus rien. »

La semaine dernière le général Canrobert portait à l'ordre du jour et décorait de la médaille militaire deux soldats pour le fait suivant.

Une bombe tombe dans la tranchée et blesse grièvement un soldat qu'elle renverse. La mèche fume ; la bombe va éclater et broyer le malheureux qui ne peut l'éviter. — Ces deux hommes n'écoutant que leur courage s'élancent, et avant que le projectile meurtrier ait éclaté, enlèvent leur camarade voué à une mort certaine.

Il y a une observation étrange à faire ; c'est ce que produit l'habitude journalière du danger. — On en arrive à jouer avec la mort aussi tranquillement que s'il s'agissait d'une partie de cartes.

Nos soldats, du reste, sont maintenant tellement familiarisés avec les projectiles, qu'ils en reconnaissent au son la nature et la direction. — « Celle-ci est pour nous, » disent-ils, en écoutant le sillage bruyant que trace la bombe dans son vol ; et quand elle tombe, ils s'accroupissent en riant derrière un épaulement ou un pli de terrain. Le plus souvent ils sont couverts de terre par les éclats : « La malhonnête, disent-ils, elle a craché sur nous ! » — Si un d'eux est touché, ils le ramassent, le placent sans rien dire sur un brancard et le portent à l'ambulance.

Puisque je suis en train de vous raconter toutes ces petites scènes dont j'ai été témoin, en voici une que j'appellerai : « la scène du brancard » et qui nous a grandement amusés.

L'ambulance provisoire, c'est-à-dire celle de la tranchée, est près du Clocheton, dont je vous ai fait l'historique dans ma dernière lettre ; les blessés passent forcément devant notre porte, et lorsque nous en apercevons, nous avons l'habitude de nous approcher, pour nous informer du plus ou moins de gravité de la blessure.

Un blessé arrivait donc porté sur un brancard par quatre de ses camarades ; tout à coup le brancard casse, et le malheureux soldat tombe fort rudement à terre en poussant des gémissements. — Les pauvres porteurs désolés courent au Clocheton qui était à vingt ou trente pas et en rapportent aussitôt un autre brancard ; mais quel est leur étonnement de trouver leur blessé fort gaillardement debout et qui leur déclare catégoriquement qu'il aime beaucoup mieux aller à l'ambulance à pied que de risquer une seconde fois de se casser le cou ; et joignant tout aussitôt la pratique au raisonnement, le voilà qui se met à marcher d'un pas alerte. — Les figures des quatre soldats étaient superbes de stupéfaction ; un instant ils se regardèrent entre eux pendant que le blessé s'éloignait ; puis, d'un commun accord et comme s'ils eussent obéi à la même pensée, ils saisirent les morceaux du brancard brisé et courant sur leur blessé qui faisait mine de leur échapper, ils se mirent à frapper dessus à coups redoublés en criant :

« — Ah ! gredin, tu peux marcher et tu nous fais te porter à quatre depuis une heure ; ah ! gredin ! »

Et ils tapaient si bel et si bien, que le malheureux criait à gorge déployée.

Un officier qui était proche intervint et ne parvint à leur faire lâcher prise qu'en leur disant : « Soyez tranquilles, il sera blessé plus grièvement la prochaine fois.

« — Si c'est comme ça, à la bonne heure, » répondirent-ils.

Et ils s'en allèrent.

L'histoire, n'est-ce pas, est amusante ? Mais, hélas ! les brancards ne transportent pas souvent de semblables blessés.

21 *février*. — Le temps a complétement changé : de beau qu'il était, le voilà épouvantable ; le vent du nord continue à souffler avec une terrible violence, et il s'y est malheureusement joint une neige abondante qui déjà couvre entièrement le sol. La plaine, les collines, les montagnes et le ciel n'offrent plus qu'une pâle immensité dont l'horizon se perd dans le gris plombé du ciel. Les rafales fouettent au visage cette pluie en parcelles infinies, et soulevant avec la neige du ciel celle de la terre sur son passage, les entassent par intervalles, barrant les chemins, comblant les fossés, et effaçant la trace des pas, aussitôt que le pied a quitté le sol sur lequel se marquait son empreinte.

Ce sont par moments d'étranges bourrasques qui s'engouffrent dans les ravins avec un bruit strident, et tourbillonnent dans l'espace, comme ces trombes mortelles qui enveloppent dans le désert les voyageurs égarés.

C'est un triste spectacle, je vous assure, et qui serre le cœur.

Les tentes sont couvertes de neige, et tout autour d'elles s'élèvent déjà comme des remparts de glace que le soleil heureusement, si Dieu nous l'envoie, fera fondre de ses premiers rayons. — Le soldat, enveloppé dans sa capote bleue et dans sa couverture grise, ne souffre pas trop, car heureusement en ce moment le bois ne manque pas, et le plateau, bouleversé dans ses entrailles, a donné à nos travailleurs infatigables ses racines les plus cachées, qu'il espérait bien, sans doute, dérober à notre vigilance. — Dieu merci, on en trouvera encore pendant longtemps pour combattre ces colères subites et inattendues du ciel.

Mais nos bataillons de réserve, nos soldats de garde, combien pour eux est rude cette épreuve; à peine s'ils peuvent marcher pour réchauffer leurs membres engourdis. — Le feu est interdit, comme pouvant servir de point de repère aux ennemis, et ils doivent sans cesse veiller attentifs, vigilants; car c'est surtout pendant les mauvais jours qu'il faut craindre les attaques. Heureusement que les parapets les abritent un peu contre la rage du vent.

Malgré ce temps affreux, ou plutôt, surtout à cause de ce temps affreux, le général commandant le siége est venu visiter les tranchées. — C'était beau de voir ces soldats calmes et debout, les visages blanchis par la neige, la barbe transformée en lourds glaçons qui glissaient le long de leurs capotes comme de froids serpents. Ils sont droits, fixes, le regard ferme, comme si le soleil rayonnait sur leurs têtes.

« — Allons, mes enfants, disait le général, encore une cruelle épreuve.

« — Ah bah! répondaient-ils, après la pluie le beau temps. »

C'est là, je vous assure, un noble et grand spectacle. — C'est là le vrai, le puissant courage ; c'est la flamme du feu sacré, c'est la force de notre belle armée avec laquelle on conquerrait le monde.

Il faut les voir, soit qu'ils transportent péniblement sur leurs épaules de lourds boulets, soit qu'ils creusent la terre à coups de pioche, soit qu'ils restent toute une nuit les pieds dans une boue fangeuse. — Vous me direz peut-être que je répète souvent la même chose, c'est que les épreuves se répètent aussi, c'est que les souffrances n'ont pas qu'un seul jour, une seule heure, un seul moment. C'est que toutes les choses dont je vous parle, je les touche du doigt, c'est que mes impressions sont celles de tous, c'est que le spectacle que j'ai devant les yeux est de ceux que l'on n'oublie jamais. — Et puis ici, dites-vous-le bien, sur ce théâtre de la guerre, ce sont souvent les mêmes décorations, et plus souvent encore les mêmes acteurs jouant les mêmes rôles.

Voilà une journée bientôt finie.

Hier, je me sentais en verve de gaieté, je vous racontais des histoires; aujourd'hui, ce temps m'inquiète et m'attriste, et comme les oiseaux qui ne chantent que lorsque le soleil se montre à l'horizon lointain, je me tais et j'attends.

Les déserteurs que l'on vient d'interroger disent que quelque grand coup se prépare. — Règle générale, les déserteurs ont toujours dans leurs havresacs force nouvelles.

Le bruit du canon s'est beaucoup ralenti dans la soirée; à peine quelques volées; — sans doute le mauvais temps en est cause, la neige augmentant beaucoup le recul des pièces d'artillerie et rendant par conséquent le tir difficile et fatigant.

22 *février*. — Ces lettres sont presqu'un journal quotidien; elles me semblent ainsi devoir être plus intéressantes, car elles participent de l'imprévu de cette vie dont les impressions se renouvellent et se contredisent souvent.

Aujourd'hui le soleil, ce radieux sourire du ciel,

est revenu dardant ses rayons sur la neige étonnée de son apparition subite; aussi elle disparaît honteuse et humiliée. — Le retour du beau temps réjouit tous les cœurs, car c'est d'en haut que descendent les plus douces heures, comme les plus cruelles épreuves.

L'ennemi n'a tenté aucune sortie; sa sagesse peut s'appeler de la prudence, car maintenant nous sommes retranchés de telle façon qu'il ne peut dépasser notre troisième parallèle sans s'exposer gravement. La place s'en venge en se livrant à une luxueuse prodigalité en fait de bombes; elle endommage quelques parapets de nos retranchements par son feu continuel; mais profitant du froid qui a forcé les Russes à quitter leurs embuscades, nos soldats en ont détruit deux en plein jour. Ils les reconstruiront, comme nous, nous réparons les dégâts de nos épaulements.

Vous avez dû recevoir la nouvelle du combat des Russes contre les Turcs à Eupatoria.

Vous savez alors que le 17, les Russes commandés par le général Osten-Sacken en personne et au nombre de vingt-cinq mille hommes d'infanterie, plus quatre cents chevaux, dit-on, se sont présentés devant Eupatoria, avec quatre-vingts pièces en batterie pour enlever l'ouvrage en corne qui couvrait un des abords de la ville (ce qu'on appelle un *ouvrage en corne* est un front bastionné avec deux longues branches qui relient ce front à la place); mais le travail encore inachevé était d'un profil peu considérable.

L'attaque a été rude et vigoureuse, car les Russes évidemment voulaient en finir avec cette place et espéraient avoir bon marché de leurs ennemis; aussi avaient-ils apporté échelles, fascines, tout ce qui sert enfin à l'escalade dans un siége.

Les Turcs ayant à leur tête Omer-Pacha défendaient la ville, conjointement avec une faible garnison française confiée au commandant Osmond, chef d'escadron d'état-major.

Si à Balaclava, on reproche aux Turcs d'avoir abandonné trop précipitamment la redoute confiée à leur garde, et dans laquelle (il faut le dire) la cavalerie ennemie put pénétrer à cheval, ils tiennent bravement quand ils défendent des remparts; aussi les Russes, après avoir fait une tentative infructueuse sur le front bastionné, ont tout à coup porté une forte colonne sur la droite nord-est, où l'armement de la place paraissait plus faible.

C'était là leur attaque sérieuse; ils avancèrent protégés par les débris d'un ancien cimetière jusqu'à 400 mètres environ, puis lancèrent en avant deux bataillons; — ceux-ci, enhardis par le silence des Turcs et se sentant soutenus par de puissants renforts, approchèrent jusqu'à vingt-cinq ou trente pas du fossé de défense, mais reçus tout à coup par un feu violent et nourri ils se sont arrêtés, et tourbillonnant pour ainsi dire sur eux-mêmes, se sont retirés.

L'on entendit alors les hurrahs des troupes massées en arrière qui excitaient cette petite colonne à retourner au combat, et au milieu de ces hurrahs, les cris des officiers qui, dans des tourbillons de fumée, et mêlés au désordre de cette retraite subite, animaient les soldats du geste et de la voix.

J'ai toujours dit que les officiers russes étaient de braves officiers qui se battent et se battent bien.

Ramenés en avant, ces bataillons éprouvèrent un nouveau feu de mousqueterie; puis les Turcs, enhardis par le succès, s'élancèrent en dehors du fossé et chargèrent l'ennemi; ils étaient en trop petit nombre pour lui faire essuyer de sérieuses pertes.

Pendant que ce combat avait lieu sur la droite, une vive canonnade continuait sur toute la ligne, et se concentrait particulièrement, dit la lettre du commandant Osmond, sur la couronne *des Moulins*. — C'est là que fut tué le général de division égyptien Sélim-Pacha, perte des plus regrettables, homme de guerre justement estimé; près de lui tomba le colonel égyptien Rusten-Bey.

La petite garnison française a fait bravement son devoir : canons et soldats ont brillamment combattu; un officier de marine a été tué.

Le chiffre indiqué varie tellement sur le nombre des morts de part et d'autre, que je ne vous en dis aucun; mais il n'a pas été, je crois, très-considérable.

Le côté le plus important de ce combat, c'est l'insuccès des Russes, qui pensaient bien s'emparer d'Eupatoria par ce vigoureux coup de main.

Voulant sans doute profiter de cette diversion du général Osten-Sacken, le général Bosquet, à la tête d'une très-forte colonne, à laquelle s'était jointe une partie des troupes anglaises, est parti pendant la nuit du 20 au 21 dans le but de rencontrer les Russes et d'engager une action avec eux.

Vers minuit, on s'est mis en marche dans l'ordre indiqué; mais un ouragan subit s'est abattu sur la terre. — C'était de tous côtés des tourbillons qui vous enveloppaient; on était aveuglé. — Une heure s'était à peine écoulée, que déjà le sol était recouvert en entier, cachant sous les neiges subitement amoncelées les inégalités de terrain.

L'ordre de revenir sur ses pas fut aussitôt donné, et on l'exécuta au plus vite. Néanmoins des fractions de troupes furent momentanément perdues, ne pouvant conserver une direction exacte. — L'obscurité était si intense, la tempête si violente, que l'on ne pouvait avant le jour retrouver ses campements; aussi les colonnes revenues successivement vers le lieu du départ, marchèrent, afin d'éviter les congélations, jusqu'aux premières clartés du jour, successivement au vent et sous le vent, en décrivant des cercles.

Précaution très-bonne, et qui a évité de graves accidents.

On ne peut se figurer la rapidité des changements atmosphériques ici; en quelques heures, tout est bouleversé. — Aux temps les plus sereins succèdent, sans transition aucune, les bourrasques les plus terribles, qui, elles aussi, cessent comme par enchantement.

Ce sont comme des accès de folie dans les airs.

La tourmente avait rendu en peu d'heures le camp si méconnaissable, que les soldats avaient peine à se retrouver; les tentes étaient presque ensevelies.

A six heures et demie, toutes les troupes étaient rentrées au bivouac.

Vous jugez dans quelle inquiétude nous avons été toute la nuit. — Les désastres que l'on doit à la fureur des éléments sont les plus terribles, car ils sont le plus souvent inévitables.

Je ne pouvais m'empêcher de penser que cette même nuit du 20 était celle du mardi gras, et qu'à Paris, où vous recevrez cette lettre, pendant que l'orage faisait fureur ici, les danses joyeuses, les travestissements de toute nature, la folie, les rires, les orchestres bruyants et les chants de fête enterraient bruyamment cette dernière nuit du carnaval.

Étrange et perpétuel contraste des choses de ce monde !

Les Anglais avaient déjà refoulé les avant-postes russes qu'ils avaient rencontrés dans leur direction, lorsque l'ordre de retour donné aux troupes leur fut transmis.

Cet ouragan, il faut l'avouer, est venu bien mal à propos : sans ce vent furieux et ces monceaux de neige, j'aurais aujourd'hui à vous raconter quelque vigoureux fait d'armes et quelque éclatant succès, qui eussent peut-être précipité les événements et hâté le dénoûment du siége de Sébastopol.

Du reste, le plus grand secret avait été gardé sur cette expédition ; les chefs seuls qui devaient en faire partie en avaient été instruits ; et le but réel, presque tous l'ignorent encore : — aussi je ne vous rapporte que les bruits qui ont circulé relativement à ce fait maintenant accompli, sur lequel chacun s'empresse, comme de raison, d'entasser conjectures sur conjectures. — C'est déjà un grand mérite d'avoir pu garder un secret contre les atteintes de la publicité, et pour ma part, j'en félicite le général en chef comme d'une véritable victoire ; celle-là est plus difficile qu'on ne le croit ; — c'est la clef d'or qui ouvre bien des portes.

Le temps s'est remis au beau, mais il fait froid. — Est-ce le second hiver de Crimée prédit, dit-on, par un vieux moine du monastère de Saint-Georges?

C'est une habitude du pays, a-t-il assuré. — Voilà un pays qui a de bien mauvaises habitudes.

QUATRIÈME LETTRE.

Devant Sébastopol, 23 février.

Il ne faut pas songer à ce que chaque courrier puisse apporter quelque nouvelle *nouvelle*. Il faut à Paris se résigner à attendre, comme on s'y résigne en Crimée.

Rien de nouveau ; c'est ici le refrain habituel.

Les événements sont rares, vous le voyez ; telle est la vie d'un siége. — Aussi n'ayant rien de mieux à faire je me promène à droite, à gauche, sur le versant des collines, dans le fond des ravins. Tout pour moi a un intérêt réel, puissant, irrésistible ; c'est le passé, mais le passé d'un mois, de deux mois qui se révèle tout à coup par des souvenirs oubliés, par des traces que le temps n'a pas encore entièrement effacées. — Alors, je m'arrête, je regarde ; l'esprit le plus frivole deviendrait pensif au milieu de ce silence qu'interrompt seulement par intervalles la voix de fer des canons.

Les boulets et les chevaux morts, voilà la seule culture de cette vaste étendue de terrain sur laquelle s'étendent en s'échelonnant les armées alliées. La vie pour ainsi dire s'y révèle par la mort. Avouez que c'est un champ tout ouvert à la plus profonde méditation, un thème tout fait pour la philosophie.

Je vais essayer de vous décrire ce que j'ai vu.

Au-dessus de moi le ciel qui est bleu et que traverse à peine quelques nuages grisâtres ; à l'horizon la mer qui forme au loin une longue raie d'azur. — Devant moi Sébastopol, avec ses maisons, ses églises aux toits verts, ses grandes casernes, ses faubourgs déserts, son arsenal, son port rempli de bâtiments et dont l'eau calme semble celle d'un lac aux eaux dormantes ; autour de la ville ses remparts crénelés, les uns en pierre, ceux-ci en terre, tous menaçants comme les dents blanches et aiguës d'un dogue. De petits tourbillons de fumée s'élèvent de temps à autre et me cachent soit une partie de la ville, soit quelques-uns des bastions ; de ces tourbillons de fumée partent des boulets ou des bombes ; j'entends, quoique je sois assez loin, les uns siffler, les autres éclater.

Sur ma droite est une arête de montagnes en partie couverte de neige ; sur ma gauche le village de la Quarantaine, et cette partie du plateau qui conduit à Kamiesh. — Tout autour de moi des ravins nus dans lesquels les projectiles de toute nature sont amoncelés de telle façon qu'on les dirait entassés par la main des hommes; des mamelons entiers sont littéralement labourés par la mitraille, et je vois presque à chaque pas le lit profond que creuse la bombe avant de lancer dans les airs ses éclats meurtriers.

Que d'aspects différents présentent la guerre et les lieux qu'elle habite !

Un jour souvent suffit à en changer la physionomie et les faces diverses.

Les champs fertiles sont dévastés, les villages abandonnés gardent pourtant au milieu de leur abandon le souvenir et la trace de la vie qui les animait autrefois, comme ces fouilles souterraines qui nous montrent debout les squelettes immobiles des villes enfouies tout à l'heure encore dans les entrailles de la terre.

La méditation les ressuscite; il semble que l'on sente autour de soi un souffle humain, et que les pierres résonnent encore de ces mille bruits que toute chose existante porte en soi.

Bien souvent déjà ces pensées me sont venues, en parcourant ce plateau sur lequel la France et l'Angleterre ont semé des milliers de tentes, et où cette agitation, ce bruit, ce tumulte incessant, cette activité de la vie militaire remplacent la paisible tranquillité et le calme presque sauvage de ces habitations, dont on aperçoit aujourd'hui les derniers vestiges ; — elles aussi, elles remplaçaient à la suite de bien des siècles les antiques demeures de ville des Héracléites, dont quelques débris de pierre et de marbre gisent épars au flanc aride des rochers.

Autrefois il y avait de côté et d'autre des vignes chargées de lourdes grappes ; — des maisons de campagne s'élevaient de distance en distance avec des jardins nouvellement dessinés, des parcs tracés avec soin et de larges avenues plantées d'arbres fruitiers qui reliaient de petites habitations entre elles ; mais le vent qui passe aujourd'hui sur cette vaste plaine ne fait plus ployer la cime des arbres ou s'incliner la tête flexible des plantes.

La guerre, c'est une justice à lui rendre, n'a jamais été favorable à la culture, et son large pied de fer et de mitraille écrase toutes les semences et détruit les moissons. — Pallas cueille les lauriers, mais ne les cultive pas.

Toutefois il ne faut pas se figurer que ce plateau de Chersonèse était en son entier comblé de fruits et de fleurs, d'ombrages frais et riants, de riche et fertile végétation. — Une grande partie était couverte de taillis épais; une autre partie rocailleuse et inculte, creusée en carrières, fournissait abondamment les pierres nécessaires à la construction des maisons dont les jardins et les parcs en enfance étaient ombragés de quelques arbres. — Je fais cette restriction parce que j'ai peur de m'être tout à l'heure un peu trop livré à la poésie descriptive de la verdure et des fleurs. Il ne faut pas croire le pied destructeur du dieu de la guerre plus coupable qu'il ne l'a été.

La riante Chersonèse, ou plutôt, comme on dit, « la Chersonèse heureuse » est plus loin ; elle est de l'autre côté de la Tchernaïa et par delà ces ravins rocailleux, ces gorges brunes ou rougeâtres qui se tordent à l'horizon ; elle est dans cette vallée fertile au milieu de laquelle s'élèvent les châteaux et s'étendent les propriétés des plus hauts seigneurs de l'aristocratie russe.

Dernièrement, la cavalerie ennuyée sans doute de ne rien faire, que de voir mourir un à un ses chevaux, dont les corbeaux viennent dévorer les restes tombés en lambeaux, est partie en reconnaissance sous le commandement du général Morris.

Cette petite reconnaissance a duré une journée[1], et a été une charmante promenade dans une riante oasis quelque peu grelottante toutefois sous les glaces de l'hiver, mais une oasis quelle qu'elle soit, s'il perce un sourire à travers ses frissons, n'est pas à dédaigner, lorsque l'on campe depuis quatre mois sur un sol aride, les pieds dans une boue fangeuse. — Les chevaux eux-mêmes semblaient se réveiller, et les moribonds retrouvaient dans leurs flancs desséchés un reste d'énergie.

Il s'est bien mêlé à la promenade quelques coups de fusil et quelques coups de canon, des visages de cosaques et des baïonnettes russes; — ne faut-il pas en route un peu de distraction? — Sans cela la fête n'eût pas été complète.

Comme personne, je crois, n'en a parlé, permettez-moi de vous en dire quelques mots.

C'était le 30 décembre; la petite colonne se composait de 10 bataillons d'infanterie et de 11 escadrons de cavalerie formant à peu près un effectif de 1000 à 1200 hommes; plus, deux batteries d'artillerie, une à cheval, une montée. Un assez grand nombre d'officiers anglais s'étaient joints

---

[1]. 30 décembre 1854.

à l'état-major du général Morris. — Tout ce qui ressemble à quelques coups de fusil échangés est ici un objet d'envie. Le bruit du canon fait battre tous les cœurs.

Au point du jour, on se mit en marche; le temps était superbe, mais froid, le vent aigre. Après avoir traversé la Var-Nutka (espèce de ruisseau plutôt que rivière, mais que sans doute les orages ou la fonte des neiges doivent grossir, car des ponts de bois y sont établis), la colonne, en se dirigeant vers des gorges qui s'ouvraient sur la gauche de la Tchernaïa, rencontra les avant-postes russes, composés de cosaques réguliers et de hussards, au nombre de 600 ou 700 environ. — Les Russes avaient établi sur la Tchernaïa deux batteries de position qui commencèrent leur feu sans causer grand dommage. La batterie à cheval ne tarda pas à les déloger, et un escadron de chasseurs d'Afrique, soutenu peu après par un second escadron, se lança contre la cavalerie ennemie.

Les Russes, après avoir engagé une fusillade de quelques instants, lâchèrent pied devant les forces supérieures qui les menaçaient, et se retirèrent vivement en prenant les uns et les autres des directions différentes pour prévenir, sans doute, les postes dispersés sur divers points. — La plus grosse portion repassa sur la rive droite de la Tchernaïa.

La colonne, après ce petit engagement, a continué jusqu'au village de Var-Nutka, qui se trouve sur la droite de la route qui conduit dans la vallée du Baïdar. — Ce village inhabité servait de bivouac aux Russes, car on trouva des traces pour ainsi dire vivantes de leur présence, des objets de campement et surtout de cuisine. L'on fit halte en cet endroit pour détruire toutes les huttes sous lesquelles s'abritaient les cosaques, et qui étaient, pour la plupart, construites en terre et recouvertes de paille et de branchages.

Ce village, du reste, quoique placé dans un pays en apparence fertile, avait l'aspect de la plus grande pauvreté ; rien n'y dénotait le travail et cette honnête aisance qui en est le salaire ; on eût presque dit que les habitants, en le quittant, avaient emporté avec eux jusqu'au souvenir même de leur passage.

Pendant ce temps l'avant-garde poussait jusqu'à la vallée du Baïdar.

C'est dans cette charmante vallée, ombragée de bois et richement cultivée, que sont les châteaux des grands personnages russes dont je vous parlais plus haut.—Je dois dire à la louange de nos soldats qu'aucun dégât n'a été commis; le fait est d'autant plus beau qu'il est plus rare, tellement rare, que j'ai eu quelque peine à le croire, je l'avoue humblement.

La route impériale qui mène à la vallée de Baïdar, que l'avant-garde avait suivie, la traverse et conduit à celle de Yalta, surnommée *la Sicile de la Crimée*. — La Sicile a donc été un pays riche, heureux, fertile, puisque, elle aussi, s'appelait le grenier de Rome. Qui la reconnaîtrait maintenant avec son sol bouleversé, ses hameaux déguenillés et ses longues plaines arides et sèches, où l'œil égaré ne se repose çà et là que sur quelques touffes de lauriers-roses, ou sur le blanc mat des pierres reluisant au soleil?

Certes, nos soldats eussent préféré cette riante vallée au plateau fort peu cultivé qu'ils habitent. La fertilité du sol est sœur de la joie du cœur. — S'ils avaient continué leur marche jusqu'à cette terre promise, ils eussent vu les châteaux de l'impératrice, celui du prince Woronzoff et une infinité de *villas*, délicieuses habitations d'été, que la guerre aujourd'hui enveloppe de son réseau de feu et menace de sa fatale haleine.

Mais l'ordre avait été donné de ne pas aller trop avant, car les troupes devaient encore fournir une longue marche pour revenir au camp.

Le retour n'a pas été inquiété, et les soldats, en se rappelant cette petite reconnaissance, se disent: « Quelle charmante partie de campagne! » Ils ajoutent peut-être tout bas : « On serait bien mieux là-bas qu'ici. »

Chaque chose à son temps.

Les délices de Capoue ont perdu Annibal. — Je puis vous assurer que les délices de la Chersonèse ne perdront pas le général Canrobert.

Pour le moment, les seules distractions consistent à parcourir les tranchées. — C'est une promenade comme une autre, semée, je vous assure, d'épisodes variés.

Ce matin, le général en chef et le général commandant le corps de siége les ont visitées.

En les voyant passer, chaque soldat cherchait à lire sur leurs visages la pensée secrète qu'ils cachaient en eux; car pour les soldats, le général représente le Jupiter olympien et recèle de mystérieuses destinées sous le froncement de ses sourcils.

« — Le général a souri, disent-ils, tout va bien.

« — Le général examine les batteries avec soin, on commencera bientôt le feu. »

Et les yeux s'allument, les cœurs battent dans les poitrines. — Les balles sifflent, on ne les entend pas;

les projectiles éclatent, à peine si l'on s'occupe de se garer.

« — En attendant, continuons de frapper à la porte, » dit un franc-tireur en plaçant son fusil dans une embrasure et en ajustant.

« — Frappez et l'on vous ouvrira ; c'est parole d'Évangile, » riposte un vieux sergent qui a des chevrons et la médaille militaire, et qui est fort tranquillement assis sur le gradin de franchissement.

Chacun rit : le vieux sergent paraît satisfait.

Pour moi, chaque fois que je me trouve en face de petites scènes de ce genre, je m'arrête, j'écoute et je me souviens.

Ce jour-là, il y avait de jeunes recrues qui viennent d'arriver tout nouvellement pour combler les lacunes des effectifs. On les reconnaît facilement, car l'habitude des gardes de tranchées donne aux hommes une allure toute particulière. — Les nouveaux venus examinent, interrogent, hasardent avec rapidité un regard, et ne sont pas encore faits à ce bruit perpétuel du canon qui gronde, de la bombe qui passe en tourbillonnant. Quand une balle venant des embuscades ennemies rase les parapets, la recrue *salue* involontairement, c'est-à-dire incline la tête sous le sifflement de cette balle.

Le vieux sergent s'était levé.

« — Ah çà, mes agneaux, leur dit-il en frappant sur l'épaule de l'un d'eux ; je vous permets encore de *saluer* aujourd'hui toute la journée, c'est votre droit; mais ensuite, défaisons-nous de ces marques de respect, c'est pas français. »

La recrue ne dit rien ; elle n'est pas encore en humeur de plaisanter; à la troisième garde, tous seront déjà de vieux soldats qui railleront les nouveaux. — Chacun son tour.

Combien j'en ai vu de figures imberbes, déchirant la cartouche comme des vétérans.

L'autre jour, pendant que les tireurs faisaient le coup de fusil aux embrasures, des soldats jouaient au bouchon dans la tranchée.

Le général de service passe ; chacun veut reprendre son poste.

« — Ne vous dérangez pas, dit le général; continuez, mes enfants; il faut bien se distraire un peu. Voyons, qui gagnera ? »

Et se baissant, il pose une pièce d'or sur le bouchon.

Vous jugez si la partie devint intéressante.

Parfois les Russes interrompent le jeu ; — mais c'est un détail dont on s'occupe le moins possible.

Vous voyez que je profite de ce que le siége fait

trêve d'événements sérieux pour bavarder. Tout m'intéresse tellement à voir et entendre, que j'écris malgré moi, me figurant que cela doit là-bas vous intéresser aussi.

Je ne sais pourquoi la place, depuis deux jours, lance des bombes dans notre direction; sans doute on aura aperçu les travailleurs se rendant à leur poste, car c'est à l'heure où ils arrivent que commence l'envoi des projectiles.

Deux bombes viennent d'éclater à quelques mètres du Clocheton pendant que je terminais cette lettre.

Notre pauvre petite maison a déjà été traversée par trois boulets. Il me semble pourtant que c'est assez.

CINQUIÈME LETTRE.

Devant Sébastopol, 24, 25 février.

Je devance le jour habituel de mon courrier pour vous raconter les détails d'une sortie que nous avons faite contre les Russes dans la nuit du 23 au 24.

Chaque chose ici est un événement, car rien n'est plus tristement monotone que ce calme obligé des travaux d'un siége marchant à pas lents mais sûrs, et creusant dans le sol la trace de chacun de ses pas. — C'est le supplice de Tantale, et le courage impatient voudrait bondir au delà des réseaux qui l'enveloppent et se ruer, à travers la mitraille, contre les remparts ennemis.

Je vous ai raconté comment un ouragan subit de vent furieux et de neige glacée avait suspendu nos projets et forcé à l'inaction nos troupes qui devaient combattre.

Depuis cette cruelle nuit, le temps s'est remis

complétement au beau. Le ciel, constamment bleu, semble refléter les flots de la mer; le soleil a des rayons qui réchauffent, et les nuits sont étoilées.

Ma dernière lettre était datée du 23.

Dans la nuit de ce même jour, un combat meurtrier se livrait sur un point important.

Je vais tâcher de vous décrire le terrain sur lequel nos troupes ont été engagées, pour que vous puissiez mieux en apprécier les détails et les différentes péripéties.

Je crois vous avoir déjà dit que le 2ᵉ corps, sous le commandement du général Bosquet, ouvrait une nouvelle tranchée sur la position de droite, dont l'attaque avait été confiée aux Anglais. Malheureusement, faute de bras, nos alliés n'avançaient que lentement dans leurs travaux de siége, et le général en chef, de concert avec lord Raglan, a décidé que nous ouvririons sur ce point de nouvelles parallèles dans le but de battre la tour Malakoff, ou plutôt les défenses amoncelées autour d'elle, et qui présentent un front formidable.

Ces nouvelles parallèles furent donc ouvertes en face de la baie dite du Carénage.

Les Russes, que nos travaux inquiétaient visiblement, vinrent établir en face de nous une double gabionnade entre cette baie et une autre plus petite qui se trouve dans le fond du port. — Cet ouvrage, fait sur le mouvement de terrain qui les relie, affecte la forme d'une crémaillère, se composant de deux faces longues et de flancs à droite et à gauche.

Entre ce travail de défense, qu'ils ont élevé avec une grande rapidité à 1000 ou 1100 mètres de notre parallèle, l'ennemi a placé sur un mamelon à une distance approximative de 300 mètres, de fortes embuscades qui, pendant deux jours, ont tiré sans nous causer grand dommage, le relief de nos tranchées étant déjà considérable.

Lorsque le général Bosquet aperçut les travaux des Russes, il conçut le projet immédiat de les attaquer, autant pour reconnaître le mamelon sur lequel l'ennemi s'était établi, que pour refouler ce dernier.

Dans la journée du 23, le général Canrobert alla visiter le terrain, accompagné des deux généraux commandant les deux corps d'armée, et autorisa le général Bosquet à effectuer cette sortie offensive.

Le général Mayran, commandant la 3e division du 2e corps, fut chargé de diriger l'attaque.

Trois colonnes furent donc disposées pendant la

nuit : elles se composaient, la droite et la gauche, d'un bataillon de zouaves chaque, et le centre du régiment d'infanterie de marine. — Le général de brigade Monet prit le commandement des trois colonnes et se plaça au centre.

Vers deux heures du matin, au moment où la lune avait disparu et rendait à la nuit son obscurité, les troupes traversèrent la tranchée, et, après s'être formées en colonnes serrées, s'avancèrent, précédées chacune par une compagnie d'avant-garde, derrière laquelle marchaient 20 sapeurs du génie et 20 travailleurs prêts à détruire les ouvrages de l'ennemi, si la possibilité s'en présentait : les trois colonnes étaient reliées entre elles par une disposition de tirailleurs qui leur permettait au besoin de se joindre et de communiquer.

A la faveur de l'obscurité, elles descendirent le mouvement de terrain sur lequel est tracée notre parallèle et gravirent la berge droite de la baie, traversèrent le ravin qui séparait ce petit mamelon de celui sur lequel sont établis les premiers travaux de l'ennemi, et se dirigèrent vigoureusement sur les avant-postes russes : elles ne tardèrent pas à être assaillies par une vive fusillade, car ces embuscades étaient nombreuses et bien garnies. — Ce feu n'arrêta pas nos braves soldats, qui, sans tirer un seul coup de fusil sur cet ennemi caché, arrivèrent à la baïonnette avec un superbe élan et tuèrent sur place tous ceux qui ne battirent pas assez promptement en retraite.

Ce fut dans cette première attaque que le brave général Monet eut la main droite brisée par une balle; il prit son épée de la main gauche.

Presque au même moment des feux de Bengale de toutes couleurs éclairèrent subitement le champ du combat, étendant jusqu'à l'horizon lointain leurs lueurs étranges et phosphorescentes, pendant que le son des clairons russes retentissait de toutes parts.

La ville, prévenue ainsi de l'attaque, commença des feux croisés d'artillerie, joints à des feux de pelotons et de bataillons placés en arrière des positions, et aux décharges des bâtiments embossés dans le port.

La plume est lente à retracer les rapides péripéties de cette scène dont chaque face est un épisode qui se renouvelle à chaque minute, à chaque seconde.

Le général Monet jugeant la gravité de la position, et voyant se grossir devant lui les masses noires de l'ennemi, s'élança vers le bataillon de droite des zouaves qui avait à sa tête le colonel Cler, vigoureux et intrépide soldat qui sait communiquer à tous le noble courage qui l'enflamme.

« — En avant!... en avant!... à la baïonnette! » fut le cri qui sortit de toutes ces poitrines, et, comme un réseau de flamme électrique, sillonna les rangs des zouaves.

Ce fut alors un magnifique spectacle.

Sous le feu de la mitraille et de la fusillade, sous ces clartés, tantôt pâles, tantôt rouges, auxquelles venait tout à coup succéder par instants une obscurité profonde, s'avancèrent en courant ces intrépides soldats, au milieu desquels les balles meurtrières faisaient de sanglantes trouées. — Déjà le général Monet, qui marche à leur tête, a trois blessures; ses deux mains sont fracassées par deux balles; une autre lui traverse le bras; mais il marche toujours; s'il ne peut plus tenir d'épée, il peut encore offrir sa poitrine à l'ennemi, diriger et animer les combattants.

Nos soldats sont arrivés sur les retranchements; les uns entrent par la gorge même de l'ouvrage; les autres gravissent par les escarpements. C'est pendant quelques instants une mêlée terrible, un combat corps à corps. Les bataillons des Russes, placés en arrière et disposés, suivant l'expression pittoresque d'un des acteurs de cette scène, « en damier, » tirent au hasard, frappant aussi bien de leurs balles leurs propres soldats que les nôtres, et s'inquiétant peu de la mort qu'ils portent eux-mêmes dans leurs rangs.

Enfin ils ont cédé le terrain, nous sommes dans leurs travaux ; mais l'artillerie de la place, celle des bâtiments du port, les forces considérables qui nous menacent et nous fusillent de toutes parts, rendent la position intenable, et le général Monet ordonne la retraite qui s'opère en bon ordre, soutenue par le général de division Mayran, qui, à cet effet, est sorti des tranchées avec sa réserve.

Que de traits héroïques pendant ces quelques heures !

Un zouave racontait, les larmes dans les yeux, que son lieutenant (je ne veux pas le nommer), percé à la fois de trois balles, tomba à ses côtés. Il voulut le relever et porter en lieu sûr ce triste fardeau.

« — Non, lui dit le lieutenant, je suis blessé mortellement, laisse-moi et va combattre. »

Sur 24 officiers, **12** ont été blessés, 5 tués, c'est dire, combien tous sont au premier rang quand arrive l'heure du combat.

C'est aux zouaves que revient tout l'honneur de

cette lutte énergique, ce sont eux aussi qui ont souffert.

Nos morts s'élèvent à 60 ou 70 ; nos blessés, à 150 environ. On ne peut préciser au juste la perte de l'ennemi ; mais elle a dû être grande.

Si par cette attaque, qui a été plus meurtrière sans doute qu'on ne l'avait supposé, on n'a pas obtenu tous les résultats que l'on espérait, l'ennemi, du moins, a été refoulé en dehors de ses retranchements, et inquiété sérieusement dans ses travaux de défense sur ce point.

La physionomie de l'armée entière ces jours-là, est curieuse à observer dans ses détails et dans son ensemble.

C'est pendant quelques heures une fièvre d'inquiétude qui dévore tous les esprits. On se parle, on s'interroge, et chacun apporte sa version ; le plus souvent, elles sont aussi peu vraies, que le sont les correspondances particulières publiées dans les journaux à Paris, et pourtant, cela se passe au milieu du camp, près du lieu même des événements ; c'est l'impatience qui parle et invente, faute de mieux.

Puis, peu à peu, la vraie vérité arrive, parce que quelques-uns montant à cheval ont été la chercher à la source de l'événement, ou l'ont recueillie de la bouche des blessés étendus à l'ambulance. — Les victimes!... vous devez comprendre combien chacun est ardent d'en apprendre les noms : c'est un ami de la veille, un compagnon d'armes, un frère de dix années que l'on ne reverra plus, peut-être! — Mais le regret, la douleur de la séparation ont aussi ici une physionomie particulière. La mort ne semble plus être la mort. Elle vit si souvent à côté de vous, hôte de tous les moments, visiteuse de toutes les nuits, qu'on l'accueille sans crainte et sans étonnement pour soi, aussi bien que pour les autres. — Puis après avoir dit : « C'était un vigoureux soldat; » ou bien : « C'est dommage, il était à la veille de passer chef d'escadron; » ou bien encore : « Il aurait été loin, » tout est fini. — Il y a bien quelques larmes qui s'essuient du revers de la main, quand un nom que l'on n'entendra plus prononcer passe une dernière fois sur les lèvres, mais cette pensée a le vol rapide d'un instant et le bruit du canon qui retentit au loin semble l'emporter avec lui.

Les blessés ! — ce sont les heureux de la guerre. On les envie.

« — Celui-là a toujours eu de la chance, dit-on; ce n'est pas à moi que cela arrivera; — les gredins se garderaient bien de m'écorcher seulement le petit doigt. — Quelle belle entaille! Juste au milieu du visage; sa fortune est faite. »

Aussi gardez-vous de plaindre les blessés; vous voyez qu'ils ne sont pas malheureux; cependant je ne sais pas si j'apprécie au même point que tous ce si grand bonheur.

Il y a ici au Clocheton un jeune lieutenant d'état-major qui a eu le front ouvert par un biscaïen, le 5 novembre. C'est un superbe sillon comme celui que trace dans le sol la lame de fer d'une charrue. — Ce biscaïen lui a déjà valu la croix d'honneur et ne se contentera pas de si peu.

« — Te voilà marié, lui disent ses camarades; quelle est la femme qui ne voudrait pas d'un aussi joli front? seulement deux ou trois lignes de plus en travers, et tu épousais vingt-cinq mille francs de rente. »

Ces petits détails, que je me plais à retracer ici, vous paraissent oisifs, frivoles, peut-être, à côté des événements qui se passent et de la grande question qui s'agite, ils ont cependant une importance réelle et pour moi très-saisissable; ils représentent une des faces de notre caractère. — Tout cela entretient le feu sacré, l'élan, l'inspiration, réchauffe le courage à son propre insu, remue le cœur des pusillanimes jusque dans ses fibres les plus intimes ; c'est cette voix de tous qui sous une forme rieuse cache sa volonté de fer, et dont le sarcasme impitoyable tuerait plus sûrement qu'une balle dans la poitrine. — Chaque jour le cœur s'habitue ainsi en plaisantant au danger, comme les oreilles au bruit incessant de la fusillade ; car, demandez-le à tous ceux qui ont fait la guerre, le courage est aussi un peu une affaire d'habitude, et chacun souvent ne le trouve pas en soi dès le premier jour.

Ces réflexions-là, bien de vigoureux soldats me les ont répétées ; — mais il ne faut pas oublier que le courage a un frère aîné, qui s'appelle : le sentiment de l'honneur et du devoir.

26. — Ce matin, je suis allé au quartier général ; rien de nouveau, si ce n'est de tristes nouvelles : on a dû amputer au général Monet le pouce et l'annulaire de la main gauche, ainsi que le médium de la main droite. Le pouce de la main droite et le médium de la main gauche sont tellement endommagés que l'on craint d'en être réduit peut-être à deux nouvelles opérations. La blessure au bras n'offre aucun danger.—Le général était plein de calme et de fermeté, et racontait lui-même hier

très-tranquillement les principales phases de la nuit du 23 au 24.

Le général d'Allonville est dangereusement malade ; on l'a transporté à Constantinople. Le général de division Bouat depuis longtemps aussi très-souffrant, a dû quitter la Crimée.

Trois bons généraux, trois braves et vigoureux soldats que chacun aimait et que chacun appréciait !

Je ferme ma lettre avec précipitation pour qu'elle puisse partir par le courrier d'aujourd'hui.

SIXIÈME LETTRE.

Devant Sébastopol, 27 février.

Vous devez maintenant sans nul doute connaître dans ses détails officiels la sortie que nous avons opérée contre les Russes dans la nuit du 23.

Je me rappelle que dans ma dernière lettre je vous disais que la perte des Russes, bien qu'il nous fût impossible de la préciser, avait dû être grande, et je ne me trompais pas. Le combat ayant eu lieu dans les positions de l'ennemi, que nous avons dû quitter pour regagner nos retranchements, chacun en était réduit aux conjectures des probabilités, et le lendemain, la demande que fit le général Osten-Sacken d'une suspension d'armes pour enterrer les morts, prouve que les pertes doivent avoir été notables; mais ce qu'il y a de plus triste pour eux, c'est qu'ils en ont, comme je vous l'indiquais, de beaucoup augmenté le chiffre par leur propre fusillade, et même par les feux de la place, qui mitraillaient la portion des leurs contre lesquels nous étions engagés, et qui n'avaient pu s'abriter derrière les carrés que les Russes avaient formés pour nous écraser de tous les points.

Je vous dirai que le général Osten-Sacken affiche en toute occasion une grande et loyale admiration pour la valeur de nos troupes, et ne manque jamais de l'exprimer dans les termes les plus flatteurs. — C'est de sa part une courtoisie guerrière et chevaleresque qui lui fait le plus grand honneur et dénote en lui le caractère si rare et si précieux du vrai gentilhomme.

Ainsi la lettre dans laquelle il demande une suspension d'armes se termine ainsi :

« Je m'empresse de vous prévenir que vos braves
« soldats morts qui sont restés entre nos mains dans
« la nuit du 23, ont été inhumés avec tous les hon-
« neurs dus à leur intrépidité exemplaire. »

C'est à cette phrase du général Osten-Sacken que faisait allusion le général Canrobert dans son ordre du jour, en disant :

« Le général en chef remercie, au nom de l'Em-
« pereur et de la France, les braves qui viennent
« de soutenir l'honneur de notre drapeau avec une

« si haute valeur, que nos ennemis eux-mêmes lui
« rendent hommage. »

De plus, et par un sentiment d'exquise délicatesse que chacun a vivement apprécié, le général russe renvoyait, par un parlementaire, une croix d'honneur trouvée sur le corps d'un officier de zouaves, pour que ce dernier et précieux souvenir fût rendu à la famille du brave soldat qui avait glorieusement succombé.

Certes, en face de tous ces morts qui jonchent le sol, de cette destruction de l'homme par l'homme, la pensée attristée a des larmes même pour les triomphes, mais il est beau et digne d'un noble orgueil, de voir l'ennemi rendre ainsi un hommage public au courage de nos soldats, à cette valeureuse intrépidité qui commande le respect après la mort. — La bataille n'est plus l'acharnement des hommes contre les hommes, c'est la question du droit et de la justice qui se débat et se juge sous le regard de Dieu.

Je ne vous ai pas encore parlé du général Canrobert que je n'avais pas l'honneur de connaître avant de me rendre en Crimée ; c'est une nature sympathique par essence, énergique par instinct, ne pensant pas à jouer un rôle, mais bien plus à rester lui-même; il entre volontiers en conversation sur les événements qui se passent, parlant franchement, sans réticence, avec cette netteté d'accentuation qui dénote la franchise de la pensée. J'en ai été frappé; l'expression chez lui est souvent heureuse et se présente sous la forme d'une image. C'est ainsi que l'autre jour il disait à la cavalerie qu'il passait en revue : « Vous êtes des boulets vivants que je lance à ma volonté. »

Nuit et jour, inquiet et actif, il veille avec cette soucieuse prudence d'un chef sur lequel s'appuie la plus grave et la plus lourde responsabilité. — Au moindre bruit inaccoutumé qui frappe ses oreilles, il s'enquiert; ses aides de camp rayonnent aussitôt de tous côtés, et il n'est pas arrivé une seule fois qu'un feu un peu plus nourri que d'habitude ait été dirigé sur un point des travaux du siége, sans que le major de tranchée ne vît immédiatement accourir un des officiers de l'état-major du général en chef.

« — C'est bien fatigant, me disait en riant un d'eux, d'être l'aide de camp d'un général qui ne dort jamais. »

Il y a deux jours j'avais l'honneur de déjeuner au quartier général.

Après le déjeuner, le général en chef s'entretint assez longtemps avec moi et avec une grande bienveillance. — Sa conversation me frappa.

« — N'est-ce pas qu'on est impatient à Paris ? me dit-il.

« — Je ne vous le cache pas, général, lui répondis-je.

« — On s'empresse bien vite de juger les événements les plus graves ; c'est si facile quand on n'a rien autre à faire. Tenez, ajouta-t-il, en changeant tout à coup de ton, lorsque vous êtes venu en Crimée envoyé en mission et accrédité auprès de moi, je me suis dit : Voilà un homme qui appartient à ce parti des écrivains dont la plume galope bien aisément sur le papier, qui effleurent toute chose, plutôt qu'ils ne l'approfondissent et jugent un peu à la façon des papillons qui volent ; il est au centre des événements ; il habite avec le major de tranchée, il est donc chaque jour aux premières loges, au milieu des travaux immenses que nous avons accomplis et des obstacles que nous avons à surmonter. Il pourra juger par lui-même ce qu'il a fallu d'énergie et de courage à la vaillante armée que je commande pour affronter les rudes souffrances et les cruelles épreuves qui se renouvellent chaque jour. Vous êtes chargé d'écrire plus tard les péripéties de ce drame guerrier; je crois (me fit-il l'honneur d'ajouter) à votre haute intelligence, à votre bon sens, et plus que tout, à votre bonne foi, eh bien?... que pensez-vous?

« — Je pense général, que l'on ne sait rien à Paris, ou bien peu de chose de ce qui est véritablement, et je l'ai déjà écrit.

« — C'est que l'on ne doit pas, c'est que l'on ne peut pas tout savoir. L'opinion publique est une indiscrète; la guerre ne se fait pas sur le papier et pour le bon plaisir des amateurs de nouvelles ou des joueurs de bourse. C'est bien facile de dire : « On « aurait pu faire ceci, on aurait pu faire cela. » Oui, *peut-être;* mais si on n'avait pas réussi; demandez à ces messieurs ce qu'ils auraient dit. Il faut tout prévoir, quand on a l'honneur de commander à d'aussi intrépides soldats et que l'on tient dans ses mains d'aussi graves intérêts; la vie d'un de ces hommes-là, quand on les connaît comme je les connais, vaut un trésor. — Et puis.... et puis je ne suis pas seul. »

Le général s'animait visiblement; je l'écoutais avec un intérêt que je ne puis dire.

« — Oui, je voudrais, ajouta-t-il en se penchant vers moi, que l'on envoyât ici toutes les lumières dont s'honore la France, et je suis heureux, très-heureux de l'arrivée du général Niel, une grande capacité, une grande illustration. — Croyez-le bien, pour peu que l'on ait pour *trois sous* d'honneur dans le cœur, les individualités, quelles qu'elles soient, disparaissent complétement devant des questions de cette nature, le vain amour-propre personnel s'efface; on ne songe qu'au bien de tous, à la gloire, à l'intérêt du pays; voilà ce que je vois, voilà ce que je comprends, voilà ce que je cherche. — Tenez, si ma sentinelle qui est là, venait me dire : « Mon général, je suis sûr de prendre la ville dans « une heure. » Je lui répondrais : « Va, mon gar- « çon, prends mon chapeau blanc, et donne-moi « ton fusil, je monterai la garde à ta place, » et puis après, voyez-vous, je crierais bien haut, que c'est lui qui l'a prise. »

On vint nous interrompre; le général me quitta en me disant :

« —Allez, il vaut mieux avoir attendu et être sûr du succès, rien ne peut nous l'ôter. »

Et me tendant la main avec une affabilité dont je fus très-touché, il rentra dans sa tente.

Si j'ai retracé le mieux que j'ai pu les souvenirs

de cette conversation, c'est qu'elle me semble peindre, plus que ne le pourrait aucune appréciation, le caractère du général Canrobert et l'élévation de son intelligence et de son cœur.

Vous apprendrez, j'en suis certain, avec plaisir que les blessures du général Monet, quoique très-graves, puisqu'elles ont nécessité l'amputation de trois doigts, n'empêcheront pas ce vaillant officier de rendre dans l'avenir de nouveaux services à son pays.

28. — Le temps continue à être beau ; toutes les craintes inspirées par la nuit du 20 sont dissipées, pour le moment du moins ; on dirait une journée de printemps, et les neiges des jours précédents attestent seules encore l'ouragan glacial qui un instant s'était abattu sur nous comme un messager sinistre.

Aussi tout a changé d'aspect ; les chevaux hennissent à leur attache et secouent leurs crinières; les tentes sont ouvertes, les soldats par groupe se promènent devant leurs fusils enlacés en faisceaux et qui semblent, protecteurs muets des tentes qu'ils gardent, les entourer d'un rempart de fer. — De tous côtés on entend la musique joyeuse qui rappelle aux absents les souvenirs du pays, et que parfois les voix accompagnent, répétant les gais refrains des chansonnettes populaires; les chemises, les bas, les mouchoirs sont accrochés de côtés et d'autres, les cuisines fument, les gamelles se remplissent.

Nos vieux troupiers, la tête recouverte de la céchia rouge, ne sont plus enfouis sous le lourd capuchon de leurs capotes bleues, et pendant que quelques-uns, accroupis à terre, font disparaître de leurs fourniments les dernières traces des mauvais jours, d'autres jouent aux boules, et ce sont les boulets ennemis qui servent à nos soldats, car ils n'ont qu'à faire quelques pas pour choisir dans la collection que les Russes nous envoient avec si grande prodigalité; on en trouve de toutes les formes et de toutes les grosseurs.

Ne trouvez-vous pas que, sur ce plateau déchiré par la guerre, ce jeu ainsi composé a quelque chose d'étrange, d'original et de martial à la fois?

Puisque je suis en train de vous parler de nos soldats, laissez-moi vous dire qu'il ne faut rien croire de tous ces récits sur les vêtements en guenille, sur le délabrement des pantalons en lambeaux, les pieds demi-nus et cet état de misère enfin qui faisait demander aux soldats de la République, « un peu moins de gloire et un peu plus de souliers. »

Certes l'ensemble général n'est pas uniforme sur tous les points, et des pieds à la tête, la tenue réglementaire pourrait trouver maille à partir. — Ceux-ci ont de grandes guêtres en peau de mouton, d'autres les ont en grosse laine grise ; ceux-ci ont des ceintures, ceux-là de la flanelle en guise de cravates ; chacun a un peu fait flèche de tout bois, et d'excellentes flèches, je vous assure. Si la sévérité du règlement y perd, la poésie y gagne ; mais non pas la poésie des rêveurs et des *aboyeurs à la lune* (comme disait je ne sais plus quel critique un peu âpre dans ses expressions), mais une poésie mâle, vigoureuse, à la façon d'Horace ou de Juvénal, et sous laquelle on sent battre la poitrine d'un soldat ; — les tranchées ne sont pas un champ de Mars, elles sont un champ de guerre.

La tenue des officiers me plaît infiniment.

Ils ont soit des capotes, soit des redingotes fourrées, sur lesquelles sont apposés les galons, insignes de leurs grades, et quelquefois les épaulettes ; — joignez à cela de larges ceintures rouges qui leur couvrent la moitié de la poitrine et une portion du ventre ; par-dessus la ceinture, le sabre ou l'épée, puis de grandes et fortes bottes montant jusqu'aux genoux, et vous aurez le costume au complet, en y ajoutant parfois la boue et la neige, ces deux tristes visiteuses des mauvais jours.

1ᵉʳ *mars*. — On dirait que ces deux derniers mots après lesquels hier j'ai cessé d'écrire, m'ont porté malheur; le temps change, le ciel est gris, le vent souffle; ici le vent change souvent quatre et cinq fois dans un jour, allant du nord au sud, de l'est à l'ouest. Par moments il tombe un peu de neige, mais elle n'a pas de consistance et se fond aussitôt sur le sol. — Rien de nouveau, si ce n'est que des bombes arrivent en assez grand nombre de notre côté, mais sans nous causer de mal.

Du reste, les Russes nous lancent des projectiles de toute nature; des boulets ramés, qui sont une barre de fer terminée à chaque extrémité par un biscaïen, et des projectiles oblongs de forme variable. On a trouvé entre autres, dans le voisinage des tranchées, des bombes ayant quatre trous à leur surface; plusieurs personnes que j'ai interrogées, ne comprennent pas l'utilité de ces projectiles étranges. — Nos ennemis semblent avoir renoncé à leur système de gerbes enflammées qu'ils lançaient il y a quelque temps.

Du reste, leur tir est bon, leurs francs tireurs adroits, surtout très-vigilants; et pour peu qu'ils aperçoivent une tête en dehors des tranchées, ils envoient aussitôt une grêle de balles.

2 *mars*. — La neige qui avait cessé tout à coup, chassée par le vent, reprend un peu ce matin, mais le soleil apparaît par instants; la neige et le soleil voyagent rarement en bonne compagnie, aussi je ne crois pas à la durée du mauvais temps; mais on ne peut rien prévoir, et le baromètre, toujours en mouvement, semble un vagabond égaré dans un espace sans limite.

Au moment où j'allais fermer cette lettre, on amène un déserteur, on l'interroge devant moi. — Cet homme a l'air intelligent; c'est un Polonais. Il porte la tête haute, et ne croit pas du tout avoir commis une lâcheté : « Je ne veux pas servir, dit-il, et combattre pour la Russie; tous les Polonais, soyez-en certains, déserteront un à un quand ils le pourront. » — Il a, dit-il, erré toute la nuit, après s'être échappé de Sébastopol, dans la crainte de rencontrer quelque embuscade; il répond avec beaucoup de vivacité aux questions qu'on lui adresse; mais en général, je me méfie de semblables renseignements, pour deux raisons : — la première, parce qu'ils ne peuvent et ne doivent rien savoir; la seconde, parce qu'ils veulent paraître bien informés, dans le but ou d'améliorer leur position, ou de se donner de l'importance.

Il est entré dans des détails assez longs. — Sur cette question : « Que pensent les Russes du siége ? » Il a répondu : « On dit que l'on ne rendra pas la place et que, resteriez-vous vingt ans, vous ne la prendrez pas ; il n'y a plus en ville que les habitants utiles à sa défense. » Il ajoute : « qu'il était employé dans les bureaux, et qu'il a lu sur différents rapports que la perte des Russes avait été de 600 à 700 tués dans la nuit du 23. »

D'autres déserteurs avaient déjà donné le même chiffre à peu près. — Les Russes répètent et font circuler le bruit que nos pertes ont été très-considérables et que nous avons enlevé nos morts dont le chiffre exact, vous le savez aujourd'hui, est de 94.

Tout me paraît se réunir pour confirmer ce que j'écrivais, comme conjecture, en commençant cette lettre, que la sortie du 23 avait coûté cher à nos ennemis.

SEPTIÈME LETTRE.

Devant Sébastopol, 3 mars.

J'avais raison de penser que la pluie et le soleil ne pouvaient voyager en compagnie, plus raison encore de penser que le soleil sortirait triomphant et chasserait de ses rayons dorés les dernières traces des neiges. — Le temps s'est maintenu au beau, c'était un ciel bleu, ce beau ciel, l'amour des peintres de la verte Italie. Il fallait bien avoir laissé quelque chose à ce pauvre plateau broyé par la guerre.

C'est qu'un beau jour ici n'est pas seulement ce qu'il est pour vous, heureux indifférents de la grande ville, l'avant-coureur d'un plaisir, le passe-temps radieux de jours calmes et oisifs ; c'est la vie, la santé, l'espérance ; c'est la bénédiction du ciel sur notre brave et courageuse armée.

Dans la soirée, à neuf heures et quart à peu près, l'air retentit tout à coup de détonations furieuses ;

l'horizon est embrasé; c'est comme un feu d'artifice, mais un feu d'artifice mortel qui illumine subitement le ciel et fait pâlir les calmes clartés de la lune. — 80 ou 100 bombes sont lancées presque sans interruption; 15 ou 20 à la fois; les unes éclatent en l'air; les autres semblent à terre autant de petits volcans en feu. — On dirait, à voir ces étoiles d'or qui jouent et s'entrelacent, quelque jeu de jongleur aérien. Parfois ce sont de longues traînées de feu, et au milieu de tout ce bruit, de toutes ces flammes, de toutes ces clartés subites, pas une voix humaine, pas un cri, pas une plainte.

Ce serait un splendide et magnifique spectacle, si l'on ne savait que la mort peut-être frappe quelque soldat à son poste.

Puis tout se tait; et l'horizon, tout à l'heure rouge de feu, disparaît dans la nuit.

Pendant quelques minutes un profond silence règne, et la lune répand sa clarté douce et mélancolique. — Appuyé contre le pan d'un mur, je me demande si je suis encore sur ce théâtre de la guerre aux échos sans cesse menaçants. Rien n'interrompt ma pensée; au milieu de 100 000 hommes, c'est la solitude; mais quelques minutes à peine écoulées, le canon retentit, puis le clairon sonne le *garde à vous*. — Maintenant, c'est le bruit, l'éveil, l'alerte; les compagnies de garde au Clocheton prennent les armes et courent vers les tranchées. — Cependant aucune détonation de mousqueterie n'annonce une attaque véritable. C'est une fausse alerte; déjà le clairon sonne *la breloque*, et les compagnies de réserve reviennent à leur poste de piquet.

Voilà à peu près l'historique de toutes les nuits. On peut dire qu'ici le sommeil n'enveloppe que le corps, jamais la pensée.

Jusqu'à présent c'est le seul incident, bien petit, n'est-ce pas; mais les plus grands événements commencent ainsi.

Puisqu'il ne se passe rien qui mérite d'attirer votre attention, voulez-vous venir avec moi à l'observatoire du quartier général, c'est le seul officiel; les autres ne sont que de petites succursales pour l'agrément de chacun. — A celui-là, on observe et on relate ses observations, on suit pas à pas l'ennemi au sein même de sa ville.

Il est placé sur un des mamelons de cette vaste plaine creusée de ravins, sur laquelle est campée l'armée alliée et que traversent nos travaux de siége avançant vers la ville comme des serpents armés de noires écailles. On découvre la plus grande partie de Sébastopol et de son port. — Cet observatoire se trouve à 3000 mètres de la place; ce sont tout simplement trois petits murs grossièrement élevés en pierres sèches, et sur le sommet desquels on a tendu une toile. Deux factionnaires y veillent nuit et jour. — La distance qui le sépare de la ville le met à peu près à l'abri des boulets, je dis à peu près, car les boulets ont quelquefois d'étranges idées et de curieux revirements.

De ce point culminant, Sébastopol se dessine nettement dans tous ses replis.

C'est un panorama mouvant, il semble que l'on peut entrer dans cette ville rapprochée aux regards, et dont on saisit les moindres sinuosités; on l'embrasse tout entière; on compte les maisons, on voit, on sent agir la population; il n'y a plus, dit-on, que les habitants utiles; le reste semble avoir abandonné la ville, soit par crainte de désastres imminents, soit par ordre supérieur. — Les déserteurs que l'on interroge le disent, et nulle trace de la vie commerciale et bourgeoise ne s'aperçoit dans l'intérieur des remparts que garnissent de nombreuses batteries, et que protégent de formidables travaux en terre.

Le port se dessine parfaitement à la vue avec son pont de bateaux sur lequel passent de nombreux travailleurs ; c'est là, sans contredit, que règne le plus d'activité ; c'est la grande artère par laquelle circule le sang de Sébastopol.

On voit des projectiles rangés avec soin ; la quantité en est considérable, et il faut en effet un arsenal des mieux approvisionnés pour parer à la consommation de chaque jour, et en même temps à la prévision d'une attaque générale qui peut tout à coup tomber sur la ville assiégée, comme une pluie de mitraille.

On se rend un compte très-exact des travaux ; on découvre les fossés, les épaulements, les redoutes, les abatis, les redans ; on compte les canons qui veillent sur leurs affûts ; on voit les travailleurs courbés sur leurs travaux. — Dans l'intérieur d'une cour, j'aperçois une voiture ; à qui sert-elle ? aux blessés, aux morts ou aux vivants ? — Quelquefois une colonne de fumée blanche intercepte tout à coup la vue ; c'est un canon qui envoie un boulet.

Je ne puis me lasser de regarder l'église Sainte-Clotilde avec son joli toit vert et ses murs blancs ; elle domine les bâtiments qui l'entourent et semble dédaigner de se confondre avec eux. — C'est toujours sur cette église que, malgré soi, le regard s'arrête; car le soleil donne un éclat doré et reluisant à cette teinte d'un vert émeraude, comme si Dieu voulait, qu'au milieu des tempêtes de la vie humaine, la pensée fût toujours reportée vers lui.

Étrange contraste, grave enseignement qui ne peut que grandir et fortifier le cœur de ceux qui combattent pour le droit et la justice. — Les boulets de notre flotte l'ont respectée le 17 octobre.

L'église Sainte-Clotilde m'amène naturellement à vous dire que dimanche dernier j'avais l'honneur de déjeuner chez le général Forey.

A neuf heures et demie j'arrive, et dans la chambre du général je trouve tout son état-major réuni et l'aumônier de la division disant la messe.

A Paris, où vous lirez ces lignes, au milieu de toutes vos églises, si belles, si grandes, si superbement ornées de peintures et couvertes d'or, pourrez-vous comprendre l'impression que produisit sur moi cette messe, dite ainsi, sans pompe aucune, dans une chambre nue et presque sans meubles?

L'autel est sur une petite table appuyée contre le mur en face de la cheminée. — A côté de l'Évangile pend l'épée du général; le livre de messe est appuyé sur la crosse d'un pistolet; près des bougies qui brûlent, sont accrochés à un clou les éperons dorés, et les burettes sont posées sur une carte de Sébastopol. — Ce qui parle de paix se mêle à ce qui parle de guerre.

Chacun était recueilli, et les lèvres suivaient, en les répétant, les paroles que prononçait le prêtre.

C'est qu'ici, si près de la mort, c'est-à-dire si près de Dieu, la pensée de l'homme s'élève vers le Créateur; il sent que toute force vient d'en haut, et pour être calme devant le péril, inébranlable devant les épreuves, résigné devant les souffrances, il sent qu'il a besoin de prier. — Un soldat servait la messe.

7, 8 *mars*. — Quoiqu'il ne se soit rien passé de très-important, j'ai cependant à noter une série de petits incidents qui sont venus traverser le calme plat de nos opérations.

Le temps continue à être magnifique; le ciel et la mer se confondent dans une teinte bleue, voilée seulement par ces vapeurs transparentes des horizons lointains. J'aimais beaucoup le soleil, et il ne m'est jamais arrivé d'en médire, mais à aucune époque de ma vie je n'ai autant apprécié les bienfaits que ses rayons versent sur nous.

Le 6, dans la journée, un vapeur anglais, expédié

de Varna, a apporté à lord Raglan la nouvelle de la mort de l'Empereur de Russie.

Elle a été transmise au général anglais au milieu d'une conférence avec les généraux français; vous pouvez comprendre l'effet qu'elle a produit. « La Providence vient mêler sa voix à la nôtre, » a dit lord Raglan.

Cette nouvelle est-elle vraie ? elle vient d'être confirmée ici par une dépêche de M. Drouyn de Lhuys, on la regarde comme certaine. — Moi, je doute encore par un principe inné de méfiance, mais je l'admets, pour vous dire l'impression produite, du moins selon mon appréciation.

Le 6, au soir, les généraux recevaient du général Canrobert une lettre ainsi conçue :

« Une dépêche portant tous les caractères de la plus grande authenticité annonce la mort de l'empereur de Russie, qui aurait succombé le 2 mars, à midi dix minutes; c'est une grande nouvelle. »

En fort peu de temps ce fut répandu par tout le camp. L'impression générale est loin d'avoir été ce que l'on doit supposer à Paris. — Les questions politiques ne pénètrent pas jusque dans l'intérieur des camps et n'émeuvent guère le soldat qui ne connaît, à vrai dire, que son fusil et sa consigne. Cette impression a été de l'inquiétude ; on se demandait si cette mort subite et inattendue n'allait pas modifier les événements de la guerre et arrêter le siége. — Car il faut bien se le dire, la prise de Sébastopol, c'est l'espérance brillante qui vit dans toutes les pensées; c'est le courage contre les souffrances, c'est la résignation contre toutes les épreuves, contre toutes les fatigues, contre toutes ces morts qui frappent et déciment. C'est le foyer lumineux qui éclaire l'horizon et vivifie tous les cœurs. Si un souffle subit venait l'éteindre, ce serait ici une profonde douleur, une unanime amertume.

Certes, je sais que la guerre doit être considérée comme un moyen d'arriver à la paix, et les hautes questions d'État dominent toutes les autres influences. — Aussi ce n'est qu'une impression et non un jugement porté, et il n'est pas étonnant qu'au milieu de ce bruit perpétuel du canon et de la fusillade, en face de cette longue résignation commandée par la prudence du chef, le feu de la guerre et le sang des batailles circulent dans toutes les veines.

Une autre nouvelle a été l'arrivée prochaine de l'Empereur à l'armée d'Orient.

Aujourd'hui elle est démentie. — Tant pis que l'Empereur ne vienne pas! Il eût pu voir par ses propres yeux cette belle et vaillante armée, ces cœurs forts et inébranlables, ces visages énergiques, ces fronts cicatrisés, ces courages invincibles, ces folies audacieuses qui germent dans le cœur de chaque combattant au nom de l'Empereur et de la France; il eût passé une de ces belles revues que l'histoire inscrit dans ses annales en lettres d'or; les troupes eussent défilé devant lui sur un champ criblé de boulets, non avec des tambours battant aux champs, mais au bruit retentissant des canons, des bombes et de la fusillade. — Mais je l'ai dit plus haut, les questions d'État dominent en despotes. N'importe! que l'Empereur dorme calme et tranquille au sein de sa grande ville; ici on veille invincible et infatigable, travaillant et combattant chaque nuit.

On amène un officier déserteur, c'est-à-dire pas tout à fait un officier, ce que l'on appelle un *cadet*, catégorie mixte entre le soldat et l'officier, qui existait autrefois en France et qui existe encore dans beaucoup de pays. Il est Polonais d'origine. Vingt-quatre ans, figure intelligente, physionomie mobile; — il sait quelques mots de français, dont il se sert.

Comme notre interprète paraît fort mal le comprendre, on en envoie chercher un autre; cela demande près d'une heure. Pendant ce temps ce jeune Polonais nous raconte, avec un langage étrange mêlé de russe, de français et de pantomime, qu'un soldat lui a désobéi et qu'il lui a donné un coup de sabre. Il parle avec volubilité; tantôt il se met à rire, tantôt, au contraire, il devient triste et se prend le front dans les mains en répétant, à plusieurs reprises :

« Soldats.... déserter souvent;... officiers, jamais! — Un seul!... moi, moi!... »

On lui rend son sabre; il le prend avec une joie d'enfant, et, le tirant du fourreau, il nous montre la lame tachée de sang.

L'interprète arrive; on interroge ce déserteur. Il nous apprend que la nouvelle de la mort de l'empereur Nicolas est encore ignorée dans la ville.
— La cache-t-on, ou réellement n'est-on pas encore instruit?

Voici à ce sujet un petit fait :

Lord Raglan a envoyé le 7, dans la journée, un parlementaire de notre côté; c'est le seul, je crois, où on parlemente, et dans une de mes dernières lettres je vous ai décrit cet endroit avec grands détails.

Le parlementaire qui était, je crois, un major, après avoir remis à l'officier russe le pli dont il était chargé, lui dit que l'on venait d'apprendre dans les armées alliées la triste nouvelle de la mort de l'Empereur de Russie et que la France et l'Angleterre, ennemies trop généreuses pour ne pas s'associer à d'aussi légitimes et d'aussi grands regrets, appréciaient la perte immense que venait de faire la Russie.

La figure de l'officier russe demeura impassible, et il répondit qu'il n'était instruit de rien, puis il salua, voulant ainsi éviter toute suite à cette conversation engagée; mais les officiers qui assistaient, remarquèrent que, lorsque l'interprète rapporta en russe les paroles que le parlementaire anglais avait dites, deux soldats se regardèrent aussitôt avec un étonnement subit qui bouleversa leurs visages.

Chacun, à ce sujet, s'est livré à des conjectures; quelle est la vraie?

8, 9. — La vérité, c'est que la place tire toujours, c'est que la fusillade continue, et que la nuit dernière a été signalée par diverses tentatives de sorties.

Nous ouvrions un petit boyau en avant de la troisième parallèle, et aussitôt que nos travailleurs se furent mis à l'œuvre, soit qu'on les aperçût malgré un brouillard assez intense qui régnait, soit que l'on entendît le bruit des pioches et de la sape volante, une fusillade vive partit des embuscades qui sont environ à 60 ou 80 mètres, et une balle vint frapper à la tête un sergent. Nos travailleurs ne discontinuèrent pas, quoique le feu de la place joignît ses boulets et sa mitraille au feu des avant-postes, et tout en ouvrant la tranchée sur le tracé indiqué, ils appelaient l'ennemi de leurs cris, le défiant d'oser venir les attaquer; puis des francs tireurs se portèrent aux embuscades, et bientôt nos braves soldats furent à peu près à couvert.

C'est là un tout petit épisode, comme il s'en présente bien souvent, et auquel nul ne fait attention.

Trois fois cette nuit, le *garde à vous* vint nous annoncer que l'on apercevait l'ennemi, et qu'il avait été signalé par la sentinelle; mais, après quelques coups de fusil, il s'éloignait prudemment.

Vous ne pouvez apprécier l'effet que produit tout à coup, au milieu de la nuit, le son du clairon se répétant de poste en poste. — On se jette à bas de son lit de camp, on court au parapet qui est devant la maison qu'habite le major de tranchée; on écoute, inquiet, attentif, si le bruit de la mousqueterie ne vient pas confirmer l'avertissement du clairon.

Pendant ce temps, des compagnies de renfort en permanence sous les armes sont expédiées vers le point menacé; puis les brancards passent qui parlent aussi leur triste voix. — Mais bientôt le clairon sonne *la breloque*. Les poitrines se dilatent, et l'on retourne à son lit jusqu'à une nouvelle alerte.

Ainsi, de la vie de chaque jour, de chaque nuit, jusqu'à ce que je vous écrive : « Sébastopol est pris. »

Le temps continue à être splendide. — Merci à Dieu! — Ciel bleu, véritable température de printemps. — L'hiver est parti avec son manteau de glace et ses ouragans de neige; l'herbe repousse déjà verte et hardie sur ce sol que labourent les boulets; les plantes que l'on croyait à jamais arrachées apparaissent régulièrement alignées, traçant comme un souvenir perdu des allées verdoyantes dans ces jardins qui n'existent plus. Hier, j'ai trouvé une violette et je l'ai apportée en triomphe, triomphe véritable que chacun a apprécié.

Du reste, ici on a tout en abondance; les fées merveilleuses, ce sont les navires de l'État. — Quel que soit le désir formé, il est accompli.... à titre de remboursement, mais à des prix qui paraissent ridiculement minimes, comparés à ceux de messieurs les brocanteurs de Kamiesh.

Le trafic auquel ces messieurs se livrent est fabuleux.

Les choses utiles, le gouvernement vous les donne. — Vous voulez des couvertures, un bon, et vous l'avez; — des pliants-tabourets, un bon; — des bottes, un bon; — un lit, un bon; — de la bière, un bon; — des conserves, un bon; — de la bougie, un bon, un bon, un bon, rien qu'un bon; et l'on passe fier et superbe devant ces trafiqueurs qui vendent 5 fr. une livre d'horrible bougie, 6 fr. un kilo de fromage, 2 fr. 50 c. une livre de pain, et tout à l'avenant.

Avouez que c'est là une sollicitude merveilleuse : jamais armée n'a été plus grandement approvisionnée, et cela en dépit de la mer Noire, de ses tempêtes, de ses orages, de ses vagues bondissantes. — Le soldat est bien nourri, confortablement vêtu, et il voit le soleil briller sur sa tête; ne le plaignez donc pas surtout, il vous en saurait très-mauvais gré.

HUITIÈME LETTRE.

Devant Sébastopol, 10, 11, 12 mars.

Ma dernière lettre vous parlait de la sortie que nous avons faite dans la nuit du 23 et dans laquelle le 2ᵉ régiment de zouaves a fait merveille de bravoure et d'héroïque intrépidité. — Je vous ai aussi parlé du message flatteur envoyé le lendemain par le baron Osten-Sacken; je dois y ajouter un petit détail qui s'est produit depuis.

Un officier de zouaves, le capitaine Pierre, est tombé blessé entre les mains des Russes; il a écrit ces jours passés à son colonel, le colonel Cler, et, dans cette lettre, il mentionnait qu'il était traité à Sébastopol avec une grande affabilité, et qu'il n'avait qu'à se louer des égards que l'on avait pour lui; il ajoutait que le grand-duc Michel avait voulu le voir et que ce prince lui avait exprimé de la manière la plus bienveillante, combien il admirait et appréciait la bravoure des troupes françaises.

Pourquoi, avec une semblable courtoisie, qui ferait de cette guerre une vraie guerre de gentilshommes, employer pour combattre, des lacets, des crampons et des pierres? — Car, je vous le répète, les Russes se battent avec bravoure et énergie, et lorsque vous lirez l'histoire de cette expédition, dont je recueille les moindres détails, vous pourrez l'apprécier vous-même. — Seulement, notre fougue, l'élan irrésistible de nos troupes audacieuses, qui ne calculent ni les dangers, ni les impossibilités, étonnent et frappent nos ennemis, et s'ils n'étaient protégés par les feux croisés de leurs bastions, ils ne pourraient ni affronter, ni soutenir le choc de nos armes. Mais leur artillerie est formidable, fort bien dirigée; ils s'en servent avec une profusion dont on ne peut se faire une juste idée, et se torturent la pensée pour inventer des variétés de projectiles; leurs bombes et leurs boulets ont un diamètre curieux.

Voici un petit fait arrivé il y a une heure.

Dans un des boyaux de notre 3ᵉ parallèle, tombe tout à coup une bombe à un endroit où la tranchée, descendant vers le ravin, dit des Anglais, a une pente très-marquée. — Le sol partout rocheux a été pétardé, et offre par conséquent des inégalités à peu près semblables à celles d'un escalier de pierre taillé dans le roc. — La bombe, n'ayant pu creuser son lit, roule dans l'intérieur de la tranchée, bondissant à droite, bondissant à gauche, et entraînant avec elle sa mèche enflammée. — Les soldats justement épouvantés de cette désagréable visite se mettent à courir devant elle, pour l'éviter ; — mais celle-ci descend, descend toujours....

Le premier moment passé, les soldats comprennent qu'ils font fausse route ; ils se rangent alors le long des parapets, laissent passer la bombe, puis remontent avec la même rapidité qu'ils avaient mis à descendre. — Le projectile éclate, arrêté subitement dans sa course ; mais il est isolé et ne blesse personne.

Voici maintenant un autre épisode assez fantastique, et sur lequel les correspondances particulières vont probablement broder une merveilleuse histoire. — J'aurais bien envie de me livrer aussi à quelque petit roman plein d'intérêt que vous seriez forcé de croire à peu près ; mais l'amour de la vérité l'emporte.

Aujourd'hui, il pouvait bien être cinq heures du

soir, un planton accourut tout essoufflé, apprendre au colonel de tranchée que des soldats avaient entendu et vu une femme dans un silo qui se trouve à 150 mètres environ de la maison du Clocheton. Une femme!... c'est une espionne, une espionne souterraine! — vous jugez de l'impression produite; cela commençait à ressembler beaucoup à un drame de M. Pixérécourt.

On explique quel est le silo dans lequel a été découvert ce trésor féminin, cette héroïne nouvelle ; et celui-là se trouvait être justement celui, où je vous ai raconté précédemment que l'on avait découvert des meubles, des gravures encadrées, des habillements de femme et un *chapeau rose d'une entière fraîcheur*. — Vous voyez que cela se concordait; nous avions eu le chapeau de la femme, nous allions peut-être avoir la femme du chapeau. On se rend sur les lieux, on interroge le soldat, ou plutôt les soldats, car ils étaient deux.

« — Nous l'avons vue, disent-ils, elle avait un mouchoir blanc sur la tête et le visage très-pâle.
« — Vous êtes donc malade, lui avons-nous dit :
« — Oui. — Voulez-vous du biscuit. — Non, je
« ne mange pas depuis quatre jours. — C'est bien
« long, » avons-nous ajouté.

Telles furent les dépositions. — Là, s'était arrêtée

l'intéressante conversation des soldats avec le fantôme.

La nuit était tout à fait venue, ajoutant son voile mystérieux à cette fantastique histoire.

Mais comment cette femme était-elle entrée dans cette étroite caverne? — Comment y avait-elle vécu?

On apporte de la lumière, et un des soldats entre en se traînant comme un reptile par la seule ouverture qui existe. — A peine s'est-il avancé de quelques mètres, qu'il lui est impossible d'aller plus avant; un bloc de pierre lui barre le chemin. — C'était un trou, rien qu'un trou. « — Cependant, répétait-il toujours, je l'ai bien vue, bien entendue. »

Comme dans des circonstances semblables à celles dans lesquelles nous nous trouvons, il ne faut rire de rien et se méfier de tout, même des impossibilités; on s'assura de ce qu'il était rationnel de croire; on prit, par politesse pour le plateau inconnu de la Crimée, des mesures de prudence, et l'on abandonna le reste à l'imagination un peu trop frappée du soldat révélateur, qui, sans doute, n'avait fait qu'entendre des paroles prononcées au-dessus du silo.

« — Ainsi, lui disait un de ses camarades, tu es entré dedans?

« — Comme je te vois, lui répond l'autre ; mais j'ai été arrêté par des pierres.

« — Étaient-elles naturelles?

« — Je n'en sais rien.

« — Imbécile, comme si on ne distinguait pas des pierres qu'on met, ou des pierres qui *poussent naturellement.* »

Voilà l'histoire au grand complet; elle a parcouru les différents camps sous le nom de *la Dame blanche*, et à ce moment-ci chacun la raconte à sa fantaisie : il faut bien passer son temps à quelque chose.

14. — Voilà que le ton de ma lettre change tout à coup : je plaisantais, je racontais des anecdotes, oubliant le canon et la fusillade ; il se rappelle à ma mémoire et il réclame sa place.

15. — Dans la nuit du 14 au 15, le génie avait résolu de relier deux portions de notre parallèle la plus avancée par un boyau de 450 mètres environ ; 450 mètres à creuser, c'est beaucoup, quand il faut le faire à découvert, sur un terrain nu, en face d'embuscades placées à 60 ou 70 mètres, et sous le feu formidable de nombreuses batteries chargées à mitraille.

C'était une rude et aventureuse entreprise ; aussi

les avant-postes ennemis ne tardèrent pas à signaler nos travailleurs, qui furent presque aussitôt accueillis par une grêle de balles. Comme ceux-ci hésitaient à placer leurs gabions (car le premier qui s'était avancé avait été coupé en deux), un brave capitaine de la légion étrangère, le capitaine Adam, en saisit un, s'élance sur le terre-plein, en dehors de la tranchée, et le place résolûment, appelant à lui les soldats qui devaient accomplir cette œuvre périlleuse.

« — Vous voyez bien, mes amis, leur dit-il, qu'il n'y a pas de boulets pour tout le monde. »

Il avait à peine achevé ces paroles, qu'une balle le frappait mortellement ; mais son courage avait électrisé les soldats, et tous s'élancèrent au travail. Le sol était labouré par la mitraille.

Deux fois les travailleurs, indécis sous cette pluie de fer, rétrogradèrent, et deux fois leurs chefs les ramenant, ils reprirent, d'une main résolue, les pioches et les gabions. Toutefois, tourmenté ainsi par les feux de l'ennemi, le cheminement ne pouvait marcher qu'à pas lents. On partait des deux extrémités pour se rejoindre au milieu ; mais le jour parut et força de cesser le travail. — 120 à 130 mètres étaient encore à découvert.

Pendant toute la nuit nous sommes restés sur le *qui-vive*, écoutant avec inquiétude. Je vous assure que le jour, en paraissant, nous enleva de la poitrine un pesant fardeau.

Une fusillade très-vive, jointe au bruit retentissant des canons et des obusiers, se fait entendre du côté des travaux que le général Bosquet fait exécuter devant la tour Malakoff. — Pendant une demi-heure, c'est un feu non interrompu; puis les coups de fusil s'espacent, et l'écho peu à peu redevient calme et presque silencieux.

Que s'est-il passé?

Je fais seller un cheval et je me rends au quartier général.

Ce qui s'était passé, le voici : — Quelques embuscades placées devant nos tranchées en prenaient une certaine portion d'enfilade et d'écharpe ; on avait résolu de les réduire au silence, et pour ce, on les avait enlevées. Les Russes, après une résistance de quelques instants, avaient lâché pied en voyant nos soldats s'avancer sur eux. On les poursuivit. La place alors fit feu de ses batteries et l'ennemi revint en masses profondes. On abandonna deux points trop avancés, n'en conservant qu'un seul, dans lequel on plaça un poste qui devait de son côté inquiéter fortement les Russes.

Ce combat n'avait coûté que trois tués et blessés.

Cette guerre aux embuscades, disons-le, ne peut être qu'un coup de main, dont les résultats souvent n'ont qu'une faible importance, à moins que l'on ait le temps de les détruire complétement et d'empêcher leur reconstruction, ce que l'on ne peut faire malheureusement. — Mais ce n'était, vous le verrez, que partie remise.

La journée a été ce qu'elle est toujours, semée de coups de canon, de bombes et de balles; voilà tout. — Attendons la nuit : on doit continuer sur la droite de nos attaques de gauche le reliement du boyau inachevé, et je crains fort que les Russes, prévenus par les travaux de la nuit précédente, ne fassent sur ce point un feu mieux dirigé, plus sûrement pointé, et par conséquent plus redoutable pour nos pauvres travailleurs.

Nuit du 15 *au* 16. — Onze heures. Je vous écris ces lignes au milieu du bruit retentissant des bombes qui éclatent, des grenades qui sillonnent l'air de leurs raies de feu. Nous entendons des cris lointains et confus que le vent apporte jusqu'à nous.

Du côté du cheminement que nous achevons, le feu de mousqueterie est mêlé de coups chargés à mitraille; mais sur l'extrême gauche, du côté de la mer, près du ravin de la Quarantaine, l'engagement semble plus sérieux; depuis huit ou dix minutes, il continue sans interruption.

Cependant aucun travail nouveau ne s'exécute sur ce point, et les Russes, depuis la nuit du 31 janvier, nous ont déshabitués des sorties, car ils n'en ont pas tenté une seule, se bornant à des reconnaissances inoffensives. — Nous écoutons si quelque signal viendra nous prévenir d'une attaque; mais aucune sonnerie ne se fait entendre, et cependant la vivacité du feu dépasse les limites habituelles.

Chacun au Clocheton est sur pied; des réserves sont toujours là chaque nuit, vous le savez. — Le général de service, le major de tranchée, tous les officiers se promènent attentifs, inquiets, les uns à droite, les autres à gauche.

Trois fusées s'élèvent successivement; — c'est un des signaux qui annoncent un engagement sérieux.

Aussitôt les compagnies de renfort partent, conduites par des officiers de service qui connaissent parfaitement toutes les communications et peuvent ainsi les diriger par les chemins les plus courts.

D'autres compagnies viennent aussitôt les remplacer.

Un quart d'heure s'est écoulé.

Le feu qui a repris vigoureusement à deux fois différentes diminue sensiblement; la fusillade continue encore, mais mollement et par intervalles.

Un planton arrive de la gauche apportant des nouvelles.

Il y a eu en effet, comme nous le pensions, une sortie de la garnison près du ravin de la Quarantaine. L'engagement a été chaud; on s'est abordé à la baïonnette. — Nous manquons encore de détails; car ce planton n'était pas sur le lieu du combat; il est venu seulement dire de la part du colonel : « L'attaque est sérieuse, mais nous avons vigoureusement repoussé l'ennemi; nous sommes en nombre suffisant; et si les Russes tentent un second essai, les compagnies de renfort sont arrivées. »

Je vous écris tous ces détails à mesure qu'ils parviennent à notre connaissance, pensant que cela doit vous paraître plus intéressant que ne le serait un fait écrit après coup, et afin que vous puissiez vous rendre compte des péripéties de ces petits drames nocturnes.

Un sergent arrive; celui-là appartient à la légion étrangère qui a soutenu le choc de cette sortie.

« — Tout va bien, » dit-il.

Il amène un soldat qui faisait partie des volontaires russes et qui s'est rendu (car toutes les fois qu'une attaque de ce genre est décidée, les Russes demandent les hommes de bonne volonté qui veulent y concourir).

On l'interroge.

« — Combien étiez-vous ?

« — Trois cent cinquante à quatre cents.

« — Les Russes ont-ils perdu beaucoup de monde ?

« — Je crois que oui ; je les ai vus emporter un grand nombre d'hommes morts ou blessés.

« — Où les portaient-ils ?

« — Du côté du ravin.

« — Où étiez-vous quand nous nous sommes approchés des tranchées ?

« — Nous étions couchés à terre ; quand on s'est relevé, je suis resté ; et j'ai attendu qu'on ne tirât plus ; puis je me suis avancé tout doucement. »

Il serait trop long de vous rapporter ici toutes les questions et toutes les réponses dont quelques-unes paraissaient vraies, dont les autres, comme toujours, n'avaient aucun sens.

Voici maintenant, d'après les renseignements

parvenus, l'historique de cette sortie sur nos tranchées de gauche.

De toutes celles opérées depuis le commencement du siége, celle-ci a été la plus importante par les résultats que nous avons obtenus. — L'ennemi a été repoussé avec des pertes très-sensibles; les nôtres sont minimes.

Vers les dix heures à peu près, à l'extrême gauche de notre troisième parallèle, nos petits postes placés en avant des parallèles, aperçurent des mouvements dans l'ombre, et entendirent, quoique bien faiblement, des bruits du côté du ravin; aussitôt, ne doutant pas que ce ne fût, ou une attaque, ou une reconnaissance, ils se replièrent en silence sur la parallèle et signalèrent l'arrivée des Russes; ceux-ci en effet, dans la pensée de nous surprendre, s'étaient couchés à terre, et, rampant sur le sol, arrivaient lentement, afin de n'être ni vus ni entendus; mais nos soldats, prévenus par les sentinelles, s'étaient cachés, eux aussi, et immobiles, attentifs, les armes prêtes, l'œil aux aguets, retenant le souffle de leur respiration, regardaient, écoutaient, attendaient.

Ce dut être un moment de grande et superbe émotion qui fit battre dans les poitrines les cœurs les plus résolus et les plus hardis.

Quelque précaution que prissent les Russes, on entendait par instants un bruit vague, imperceptible en toute autre circonstance, mais qui annonçait leur approche. — Notre silence doublait leur confiance.

Lorsqu'ils sont à trois ou quatre pas de nous, ils se redressent et s'élancent avec un hourrah frénétique, selon leur habitude.

Avant qu'ils aient pu même faire feu, une décharge à bout portant les reçoit, et renverse pêle-mêle les premiers rangs. — Les plus hardis continuent, apparaissent sur la crête de nos ouvrages, mais une seconde décharge, faite avec sang-froid et habileté, les assaillit de nouveau.

Quelques-uns, lancés en avant, roulent dans nos tranchées, où ils trouvent la mort; les autres rétrogradent, rechargent leurs armes, puis reviennent. — Une fusillade et un combat corps à corps s'engagent; l'officier qui les commande est blessé dans la poitrine d'un coup de baïonnette, et tombe en notre pouvoir. Un instant ils essayent encore de se défendre, puis lâchent pied tout à coup en se dirigeant vers le ravin; nos troupes, après les avoir poursuivis quelques pas, rentrent dans la parallèle. — Alors la batterie de campagne n° 3 reçoit l'ordre de faire feu et envoie dans le ravin quatre coups chargés à mitraille pour balayer à la fois l'ennemi qui se retire, et les réserves.

Cette sortie, vous le voyez, a eu pour les Russes une triste issue; l'avantage qui d'ordinaire dans de semblables attaques est pour les assaillants a tourné contre eux, par le sang-froid d'une défense vigoureusement exécutée par les bataillons du 2e régiment de la légion étrangère.

Leur commandant L'Hériller et un capitaine dont je regrette de ne pouvoir vous dire le nom, se sont conduits avec une énergie digne des plus grands éloges.

Le 10e bataillon des chasseurs a sa bonne part dans cette action d'éclat, où il s'est montré digne de sa réputation. — Nul doute qu'un ordre du jour ne vienne du quartier général faire connaître à tous la belle conduite de ces deux régiments.

On ne peut apprécier au juste les pertes de l'ennemi; mais l'on peut, je crois, sans exagération, porter ce nombre à plus de 100 hommes mis hors de combat, dont 50 morts au moins. — 27 cadavres nous sont restés.

Il faut ajouter que pendant cette sortie, qui s'opérait sur la gauche, nous accomplissions sous le feu de la place le travail de reliement dont je vous ai parlé, et qui aujourd'hui est entièrement achevé. — Aussi, sur toutes les lignes de nos tranchées, le feu ne décessait pas et les sillonnait comme un réseau de mitraille.

Le temps me manque pour vous parler d'un engagement qui a eu lieu du côté de la tour Malakoff au lever du jour. Le général Bosquet a fait de nouveau enlever cinq embuscades qui le gênaient beaucoup. Cinq détachements se sont élancés à la fois à un signal sur les cinq embuscades, et après s'en être emparés les ont rasées. — Vous le voyez, de tous les côtés, la nuit a été bonne.

Je termine ma lettre à la hâte.

NEUVIÈME LETTRE.

Devant Sébastopol, 17-18 mars.

Quoique depuis ma dernière lettre il ne se soit rien passé de très-important, toutefois les incidents n'ont pas manqué, les nuits ont été agitées, les matinées bruyantes et les épisodes qui précèdent le grand drame se sont succédés chaque jour.

Je vous ai parlé de la sortie que les Russes ont opérée dans la nuit du 15 au 16, et dans laquelle ils ont été fort maltraités.

Le lendemain, dans la matinée, je suis allé avec le général de tranchée visiter l'endroit où avait eu lieu le combat de la nuit; le soleil éclairait la terre et les pierres rougies. — Sur le terre-plein intérieur gisaient encore des cadavres russes que des corvées étaient en train de porter sur des brancards à l'ambulance. Ils étaient là, pêle-mêle, couchés à terre au milieu de fusils, de casquettes, de gibernes entr'ouvertes, de lambeaux de vêtements.—

Spectacle cruel et d'une tristesse infinie, petit coin du tableau de la guerre; la vie était pour ainsi dire au milieu de la mort, ne la regardant pas, n'y songeant même pas. Un autre acte se jouait avec l'accompagnement ordinaire des balles qui sifflent ou *gémissent* (car elles sont, par le bruit qu'elles font tantôt menaçantes, tantôt lamentables).

Le costume uniformément monotone des Russes, pantalon bleu noir, grande casaque grise, sans épaulettes, sans signe extérieur quelconque, sans variété de couleur, porte en soi-même un morne aspect qui assombrit le regard en même temps que la pensée.

Les Russes que j'ai vus morts ce jour-là avaient tous les pieds nus. Les soldats de la légion s'étaient emparés de toutes les bottes sans exception. — Les bottes des Russes font évidemment envie à nos soldats, l'humanité étant naturellement portée à désirer ce qu'elle n'a pas. Si on leur donnait des bottes, nul doute qu'ils ne portassent des regards d'ardente convoitise sur les souliers. — Aussi les Russes doivent de leur côté envier nos souliers.

C'est ce qui avait dans les premiers moments fait répandre ce bruit passablement ridicule, mais qui ne s'en était pas moins accrédité, que l'ennemi pour nous surprendre plus sûrement, et afin qu'aucun bruit ne pût trahir son approche, venait pieds nus, façon, il faut l'avouer, fort peu commode et assez singulière pour marcher sur un terrain rocailleux et livrer un combat.

Pour le moment tout l'intérêt du siége se porte évidemment sur nos travaux contre la tour Malakoff, c'est-à-dire sur notre attaque de droite qui maintenant a opéré son point de jonction avec les Anglais. — On appelle l'attaque de gauche avec un certain dédain : « le vieux siége ; » mais soyez tranquille le vieux siége fera parler de lui.

Dans la matinée du 15, ainsi que je vous l'ai écrit à la fin de ma lettre, la fusillade a été vive et continue; comme on avait été forcé, après s'être emparé des embuscades une première fois, de se replier et de les abandonner, on résolut de les raser; c'est ce qui se fit le 16 avec une énergie très-remarquable et sans grande perte d'hommes.

Comme le 17 une sortie du même genre devait avoir lieu, le colonel Veissier voulut lui-même aller avant la tombée de la nuit reconnaître le terrain. Il le fit avec ce courage audacieux qui était habituel à cet officier, dont la conduite à Inkermann avait été admirée et enviée par tous; malheureusement au courage se joint souvent l'imprudence, et le colonel Veissier fut frappé de deux balles, dont l'une l'atteignit mortellement. Sa perte a été vivement sentie; c'était un de ces hommes dont l'entrain, la vigueur, l'énergique audace entraînent les troupes, électrisent les soldats et les feraient se lancer à poitrine découverte sur des murailles de fer. — Mais quand la mort de tels hommes n'est pas commandée par le devoir ou la nécessité des circonstances, elle est doublement fatale.

C'est ici surtout, en face des dangers sans cesse renaissants, qu'il faut se rappeler cette parole profonde de Napoléon : « A la guerre, il y a quelque chose de plus et de mieux que de se faire tuer, c'est de savoir se faire tuer. »

Toute la journée, de l'observatoire du quartier général on avait vu, sur la passerelle de bateaux qui réunit les deux parties de la ville, circuler des troupes nombreuses.

La nuit venue on attaqua résolûment les embuscades. Comme toujours, l'ennemi lâcha pied; mais bientôt il revint en force très-supérieure et en masse épaisse. — Nos soldats se replièrent sur la parallèle, et là, les zouaves, pendant près d'une heure, soutinrent un feu très-vif et très-nourri contre les Russes, qui, sept fois, revinrent à la charge, s'avançant à 40 ou 50 mètres, mais n'osant pas se hasarder à aborder nos tranchées. — Évidemment l'intention des officiers était d'envahir notre parallèle, c'est l'impression produite sur tous ceux présents à ce combat. — Nous avons eu de 50 à 60 blessés, peu de tués; la perte des Russes a dû être sensible, mais cet engagement n'ayant été qu'un engagement de fusillade, cette perte ne peut être appréciée qu'approximativement.

Il est évident que cette attaque, préparée contre l'intérieur du port et contre la tour Malakoff les inquiète visiblement. — C'est le côté vulnérable, et quoique les Russes l'aient formidablement défendu par des redoutes, des travaux en terre et des doubles rangs d'abatis, ils semblent vouloir porter sur ce point toute leur attention.

19. — Le lendemain, le mouvement de troupes continua; on vit de fortes colonnes se diriger dans la direction du ravin de Karabel-naia (nom que l'on donne à ce ravin à cause du petit village qui l'avoisine). — Aussi, pour empêcher l'ennemi de se porter sur un seul point, dans le cas où telle serait son intention, le général en chef résolut de l'inquiéter sérieusement sur notre gauche par un feu de projectiles creux dirigé sur le bastion du Mât, le bastion central et l'intérieur de la ville.

On profita de l'occasion pour aller détruire quelques postes assez gênants, et le soir, vers huit heures, trois petites colonnes, chacune de 100 hommes, sortirent à la fois de trois points différents sur la même ligne et se jetèrent au pas de course sur les avant-postes ennemis sans tirer un coup de fusil.

Ceux qui les gardaient déchargèrent leurs armes sur les assaillants, et se retirèrent en toute hâte en s'appelant par des sons de trompe; puis les troupes de réserve poussèrent de grands hourrahs selon leur habitude, sans pourtant se montrer; quelques tambours, dans le fond du ravin de la Quarantaine, battirent la charge, et la place lança des coups de mitraille. — Pendant ce temps, les sapeurs du génie avaient placé dans les plus importantes embuscades des sacs à poudre avec une longue mèche. Le signal de retraite fut donné, le feu mis aux mèches (je crois que le terme propre est *saucisson*), et nos soldats rentrèrent dans leurs tranchées.

Alors ce fut le tour de l'artillerie qui jusqu'à minuit, où elle reçut l'ordre de cesser le feu, envoya des multitudes de projectiles, bombes et obus, mais pas un seul boulet.

La place ne répondit pas, ce qui est bien contraire à ses habitudes; car d'ordinaire elle riposte avec vigueur.

Quelle en a été la raison?

Ce que je pourrais vous dire ne serait qu'une appréciation toute personnelle.

La ville ne nous a lancé que quelques paniers de grenades sans résultat, puisque le rapport de l'ambulance ce matin ne portait pas un seul tué.

Rien ne s'est passé du côté de la tour Malakoff.

Du reste cette guerre d'avant-postes ne peut amener de résultat réel; car, ou les Russes les reprennent puisqu'ils sont isolés, et de leur côté protégés par le feu de la place, ou, si on les rase, ils sont tout aussitôt rétablis. — Cela me fait l'effet de petits tours que l'on se joue entre voisins; et, en vérité, ce n'est rien autre chose; c'est un moment de distraction que l'on se donne pour varier la monotonie habituelle d'un siége.

Tous les jours des déserteurs nous arrivent; comme ils répètent à peu près les mêmes phrases, je ne vous en parle que pour mémoire.

Les Anglais construisent quelques batteries, bien lentement, hélas! — Mais ils manquent de bras, et travaillent d'un autre côté, de tous leurs efforts à leur chemin de fer, qui avance, comme peut avancer un chemin de fer, tout doucement jusqu'à ce qu'il aille très-vite.

Je vous assure que l'on ne dirait pas à les voir maintenant, qu'ils ont tant souffert et que les maladies et la mort ont décimé leurs rangs.—Ils étaient si beaux, si splendides, si éclatants à Varna quand un beau soleil d'été rayonnait sur leurs uniformes rouges et sur leurs casques étincelants; chacun les admirait et ils s'admiraient eux-mêmes, ils faisaient leurs manœuvres avec cette méthodique précision qu'ils ont conservée sur le champ de bataille. Mais hélas! le cruel hiver est venu, cent fois plus cruel pour eux qu'Inkermann et Balaclava, car ils tombaient un à un, que dis-je, dix par dix, sans gloire, sans combat; leur sang ne coulait pas de leurs poitrines inébranlables devant l'ennemi, mais se glaçait dans leurs veines et ternissait leurs visages.—Ils ont vu alors combien est précieuse, indispensable une bonne organisation intérieure, qui veille sur les besoins matériels de la vie, n'omettant aucun détail et prévoyant même l'impossible.

C'est ce qui a sauvé notre armée d'un semblable désastre et l'a fait traverser les cruelles épreuves des neiges, des vents et de la glace.

Mais aujourd'hui que le ciel est bleu, pourquoi penser encore à de si tristes jours? Les Anglais eux-mêmes l'ont oublié, leurs visages sont roses, la gaieté renaît sur leurs physionomies et sur leurs uniformes : chaque chose a son temps. — Maintenant on ne meurt plus, on s'ennuie, voilà tout, et l'ennui amène le spleen, fléau redoutable et rongeur.

Au diable l'hiver ! au diable le spleen !

En voulez-vous une preuve ; la voici :

Il y a, entre un petit village appelé Karami et la cavalerie anglaise, un vallon assez large, richement accidenté, d'une sauvagerie douce et pittoresque ; pour toile de fond sont d'un côté les hauteurs de Balaclava, si grandioses, si majestueusement tordues sur elles-mêmes ; de l'autre, les monts autour desquels contournent les deux routes de Ialta et de Simphéropol et qui dominent la vallée de la Tchernaïa. — Eh bien ! dans ce vallon s'étaient réunis plus de 2000 Anglais, pour faire renaître sur ce plateau ennemi les doux loisirs et les frénétiques ébats de la patrie absente.

En un mot, nos alliés avaient organisé des courses avec ce soin et cette régularité de détails qui les distinguent.

Vous eussiez dit un turf hospitalier : des poteaux

avec de petites flammes blanches qui indiquaient le parcours avaient été posés de distance en distance. La foule des spectateurs s'était symétriquement rangée tout autour, pour assister à cette fête hippique à laquelle le canon de la ville venait mêler sa voix lointaine. — Rien n'y manquait : — courses plates pour chevaux de tous les pays, — courses de haies, — courses de mulets ; — il y avait la variété et la multiplicité des plaisirs.

Je vous prie de croire que les coureurs en tenue traditionnelle ne faisaient pas défaut : jaquette de soie, culotte de peau, bottes à revers. Cela vous surprend peut-être, mais ceci vous prouve qu'il ne faut s'étonner de rien. — Parlez de courses à un Anglais, et il sortira de terre armé de pied en cap.

Des haies mobiles avaient été placées de trois cents pas en trois cents pas, et une dame fort élégamment vêtue en amazone était la *Reine de beauté* de cette joyeuse journée.

Il y a eu cinq courses plates, une de mulets et deux courses de haie.

Après la dernière de ces deux courses qui n'a pas été exempte d'épisodes, c'est-à-dire de chutes et de horions, il s'est tout à coup élancé sur les barrières une multitude affamée de ce nouveau plaisir. — Les cavaliers se sont précipités à la fois pêle-mêle ; les uns sautaient, les autres essayaient de sauter avec les cris d'usage et les grands coups de cravache. La pauvre haie a été broyée ; la gaieté anglaise était remontée à son apogée pour faire fête et brillant accueil à ce plaisir national. On entendait courir çà et là les vieilles acclamations des amateurs du turf, puis les *toasts*, car la buvette même avait été convoquée.

C'était, je vous assure, une mêlée joyeuse qui réjouissait le cœur et qui faisait un peu oublier ces glorieuses, mais tristes mêlées qui s'étaient passées, et qui doivent peut-être se passer encore à quelques pas plus loin ; tout cela, en vue des postes des cosaques qui bordent les hauteurs et qui sans doute ne comprenant rien à ces cris, à cette agitation, à ce tumulte inattendu, ont dû signaler avec empressement un mouvement offensif dans l'armée anglaise.

L'impression que j'ai ressentie en assistant à ces courses joyeuses au milieu du bruit incessant de la guerre, n'est pas de celles qui s'effaceront le plus promptement de ma pensée.

En revenant des courses de Karami j'ai parcouru à cheval le terrain où s'est livré le combat de Balaclava, — date glorieuse pour les armes anglaises, — date sinistre pour bien de nobles et hautes familles.

C'est une grande et vaste plaine entourée de ravins profonds; des mamelons étagés les uns au-dessus des autres semblent les gradins de ce vaste amphithéâtre. — Tout autour, le terrain se contourne, se replie, s'élève ou s'abaisse; on dirait les vagues de la mer pendant la tempête. — Cette plaine de Balaclava est superbe à voir; elle a un aspect grandiose qui prête sa solennité au souvenir du sanglant épisode qui s'est passé dans son sein. — Aujourd'hui c'est un sol inculte où l'herbe croît par intervalles, et sur lequel restent, de distance en distance, quelques débris de masure. Le silence règne là, où a eu lieu cette magnifique charge de la grosse cavalerie anglaise, là où ses escadrons déchaînés se sont précipités les uns sur les autres avec fureur, où le cri des hommes se joignait aux hennissements des chevaux, où le bruit de la canonnade courait d'échos en échos, retentissants messagers de la guerre. — Aujourd'hui, à peine si l'on y voit trois ou quatre cavaliers allant à Balaclava, des chevaux portant des provisions, quelques Anglais qui viennent peut-être regarder tristement la place où est tombé un ami, un frère. — Des carcasses de chevaux dont les corbeaux et le temps ont déchiré les chairs pantelantes, disent seules que la mort a passé par là.

Je ne puis dire à quel point m'impressionne ce silence du passé.

J'étais avec des personnes qui avaient assisté à ce combat; j'ai foulé pas à pas le terrain où s'est passé cette scène, et j'ai recueilli les souvenirs vivants encore des acteurs et des témoins.

Cette petite bataille de Balaclava a été pour ceux qui l'ont vue, soit de la plaine, soit du sommet des hauteurs avoisinantes, un des plus saisissants spectacles auxquels il soit donné d'assister.

« Lorsque s'exécuta cette fatale charge de la cavalerie légère, me disait un major anglais qui avait pris part à l'action sous les ordres du général Scarlett, vous ne pourriez vous figurer quelle mêlée furieuse. — La cavalerie se ruait contre des ennemis de fer; les chevaux, blessés par la mitraille, s'élançaient de toutes parts en bonds insensés, traînant après eux leurs cavaliers frappés mortellement; d'autres, éperdus de tout ce bruit, de tout cet effroyable tumulte, de tout ce sang répandu, reviennent sur nous se mêler à nos chevaux, frémissants et se soutenant à peine sur leurs jarrets tremblants. — Souvent vingt arrivaient ensemble, et une fois entrés au milieu de nos escadrons il était impossible d'obtenir d'eux un mouvement. — Pauvres chevaux! nous les reconnaissions, et ils nous disaient par avance les noms des morts. — Un arriva, se ruant au milieu des autres, et venant, lui aussi, prendre sa place dans ce troupeau frappé d'épouvante ; son cavalier était couché sur son encolure, tenant à pleine main la crinière luisante du cheval; c'était un jeune officier d'une des plus nobles familles. — On s'empressa autour de lui. — Mais il était mort!... la poitrine traversée par un biscaïen. »

J'ai vu lord Lucan la veille du jour où il quittait la Crimée; il venait visiter les tranchées de l'attaque de gauche. — Il nous parla de cette fatale journée (il en parlait toujours).

« — J'ai là sur moi, nous dit-il en frappant sa poitrine de la main, l'ordre écrit par lord Raglan ; il ne me quitte pas. — On me rappelle, je m'y attendais; mais bientôt l'Angleterre jugera. »

Toutes les paroles de lord Lucan avaient le reflet de l'amertume de ses pensées, peut-être de ses regrets.

« — Pauvre armée anglaise! nous disait-il ; — si belle!... Voyez ce qu'il en reste. — J'ai reçu, ajoutait-il, une lettre de Constantinople. — A Scutari (hôpital anglais), la moyenne de la mortalité est de 65 à 70 par jour. »

Je relate en passant ce fait : — Une Anglaise, la

femme d'un officier qui avait suivi son mari à Balaclava, est venue sur la colline qui domine la plaine où se livrait ce sanglant combat, et à cheval, immobile comme une statue, assistait à cette mêlée meurtrière, au milieu de laquelle peut-être était son mari, parmi ceux qui tombaient pour ne plus se relever.

Je viens de la voir l'amazone de Balaclava, c'était celle des courses de Karami. — C'est une toute jeune femme aux cheveux blonds, aux joues rosées, au frais sourire. — Dans sa vieillesse (s'il est vrai qu'une jolie femme soit jamais vieille); elle pourra raconter ses souvenirs de guerre.

DIXIÈME LETTRE.

Devant Sébastopol, 21, 22, 23 mars.

Dans la soirée du 22 nous nous mîmes à lancer des bombes et des fusées contre la place. La nuit était claire, et la lune à son cinquième lever répandait au loin à l'horizon ses clartés indécises.

La fusillade continuait entre nos parallèles avancées et les embuscades russes.

Tout à coup, par suite de nos projectiles fort habilement dirigés, deux incendies successifs se déclarèrent dans la ville, sur deux points assez rapprochés, derrière le bastion central. — On apercevait très-bien une large teinte rougeâtre dont le foyer s'agrandissait à vue d'œil, devenant de moment en moment plus lumineux.

Le vent qui soufflait avec violence devait contribuer à propager dans Sébastopol les dimensions de ces sinistres, et nos bombes et nos fusées sillonnant l'espace, venaient toutes s'accumuler sur les mêmes points. — On suivait leur tracé aérien et on les voyait se perdre dans le centre des flammes qui s'élevaient au-dessus des bâtiments embrasés.

C'était un beau spectacle dont la sauvage et sinistre poésie avait un cachet tout particulier. — Ici, où je suis, le silence, la tranquillité, le sommeil des réserves endormies, le pas cadencé des sentinelles; là-bas le tumulte, sans nul doute le désordre, l'effroi, les cris confus que le vent qui nous est contraire emporte dans son vol.

Le lendemain matin, sur les huit heures, les flammes qui consumaient les bâtiments n'étaient pas encore éteintes, et on les voyait très-distinctement de notre petit observatoire.

Mais, je vous l'ai déjà dit, aujourd'hui l'intérêt réel, sérieux, positif est plus loin; il est, avec les nouveaux travaux, devant la tour Malakoff.

Les vétérans du siége (c'est ainsi que le général en chef appelle les troupes occupées à l'attaque de gauche) se reposent et attendent avec impatience le grand jour.

Il arrive de ce côté ce qui s'est produit sur tous les points où nous avons exécuté des travaux; les Russes y ont accumulé des défenses qui chaque jour s'accroissent et grandissent, comme ces plantes qui s'élèvent et fleurissent rapides, sous les rayons du soleil. — Les mamelons, hier inoffensifs, sont aujourd'hui gardés et armés ; sur les versants, silencieux et déserts tout à l'heure, s'agitent nuit et jour les bras des travailleurs.

Vous devez penser que pendant ce temps nous cheminons avec rapidité. Les travaux exécutés sont déjà considérables ; les parallèles se tracent, les boyaux se relient, les batteries s'arment.

Si la défense s'accroît, l'attaque grandit menaçante. On marche hardiment à la sape volante, on chemine chaque nuit sous de nouvelles gabionnades, on déloge les avant-postes ennemis, on détruit les embuscades, que les Russes s'empressent de rétablir avec hardiesse et ténacité, soit sur les mêmes points, soit sur d'autres directions aussi rapprochées.

Petite guerre d'escarmouches qui marque, pour ainsi dire, chaque pas des assiégeants, chaque respiration des assiégés.

Pendant que les incendies brûlaient dans Sébastopol, une affaire sérieuse s'était engagée sur le point de notre cheminement le plus avancé vers le mamelon vert (mamelon placé en avant de la tour Malakoff, et qu'un ravin considérable sépare des autres travaux). Le vent contraire nous empêchait, nous les habitants du Clocheton, d'apprécier les progrès croissants de la fusillade, qui se faisait à peine entendre comme un vague murmure.

J'écris à la hâte quelques lignes sur cet événement, car le bateau part dans une heure, et j'ai employé ma journée à courir après les renseignements.

Il ne faut pas croire au moins que l'on sache ici facilement ce qui se passe, lorsque le fait se produit en dehors de votre rayon. Chacun le raconte un peu à sa façon, le brode à sa fantaisie, et sur les lieux mêmes, on est surpris de la variété des interprétations. — Aussi je pourrais avec un peu de bonne volonté vous raconter trois ou quatre récits différents.

Les détails véritables ne se produisent que lentement.

Après nous être emparés d'une ligne d'embuscades ennemies et nous y être établis, nous cheminions en zigzag, sape debout, pour relier cette ligne à notre parallèle, lorsque tout à coup, aussitôt que la lune eut rendu à la nuit sa profonde obscurité, les Russes marchèrent sur ce point en masses profondes, que masquaient à la fois les ténèbres et les plis de terrain.

Vigoureusement reçus par les troupes de garde

qui étaient, je crois, le 3ᵉ régiment de zouaves, ils engagèrent un feu vif de mousqueterie, et tentèrent vainement de nous refouler. — Alors une forte portion de leurs colonnes composées, suppose-t-on, de huit ou dix bataillons, tourna le ravin de Karabel-naia, s'engageant dans ses fonds pour nous prendre de flanc, pendant qu'une autre nous attaquait de face, et menacer en même temps l'extrémité droite des lignes anglaises. C'est, du moins, ce que l'on a supposé, car la nuit, il est bien difficile de juger et d'apprécier au juste les mouvements de l'ennemi.

Ce fut alors que l'action devint chaude et sanglante.

Les Russes avaient envahi la portion extrême des tranchées anglaises, qui, dégarnie de défenseurs, ne put résister à cette soudaine attaque, et de ce point très-favorable pour eux, nous fusillèrent à la fois par derrière, de flanc et de face.

Mais les zouaves, le 7ᵉ et le 11ᵉ léger, supportaient vaillamment cette triple attaque. — On s'aborda à la baïonnette, pendant que les balles criblaient le terrain ; les Anglais, revenus en force, s'étaient de nouveau mêlés au combat.

Pendant plus d'une heure on se battit sans relâche. Tantôt refoulés, tantôt refoulants, agressifs et défensifs à la fois, nos bataillons déployaient sous ces feux croisés la vaillante intrépidité, la valeureuse énergie qui leur ont valu les éloges du chef actuel de l'armée russe. Morts et blessés s'entassaient. — Déjà le brave commandant du génie Dumas, frappé de deux balles, tombait pour ne plus se relever; près de lui un capitaine et un lieutenant de zouaves. — Le colonel Janin était blessé, heureusement sans gravité, d'une balle à la tête. Dans le 11ᵉ léger, neuf officiers étaient hors de combat; mais l'ennemi, à la fin repoussé avec des pertes sensibles, regagnait le ravin, nous laissant maîtres de la position qu'il n'avait pu forcer, et dans laquelle vivants, morts et blessés s'étaient maintenus.

Nos pertes sont cruelles : 100 hommes tués environ et près de 200 blessés, parmi lesquels 12 officiers, plus 2 disparus dans la mêlée.

Un colonel et un capitaine anglais ont également été enlevés pendant l'action. — Sont-ils au nombre des morts que l'on voit là-bas étendus pêle-mêle ? — blessés, ont-ils été faits prisonniers ? Nul ne le sait encore; mais dans quelques heures on l'apprendra par les parlementaires.

Je ne puis dire quelle triste impression me font éprouver ces mêlées nocturnes, enveloppées de ténèbres, où le sang coule dans l'ombre, où le regard qui cherche un ennemi pour le combattre, un frère d'armes pour se rallier à lui, ne rencontre que cette fatale obscurité, premier linceul de la mort. — La clarté du jour fortifie le cœur ; on se voit, on se reconnaît, on s'appelle ; on court vers le danger sans qu'il vous surprenne traîtreusement, on voit l'ennemi face à face ; on sait qui l'on attaque, on sait qui vous frappe.

Bien de braves et vigoureux soldats, âmes rudement trempées, m'ont dit : « Combattre la nuit, c'est affreux ; on a le doute, parfois l'hésitation ; les pieds foulent aussi bien sans le savoir le corps d'un frère que le corps d'un ami. On ne peut porter d'aide et de soutien à personne. »

Cependant tout devient habitude, et comme depuis le commencement du siége presque tous les engagements, excepté celui d'Inkermann, ont eu lieu pendant la nuit, les soldats s'y habituent ; ils s'y attendent, et leurs regards trouvent dans l'obscurité de vagues clartés inconnues à d'autres, faibles jalons de lumière qui les guident et détruisent pour eux, du moins en partie, la triste épaisseur des ténèbres.

J'apprends à l'instant qu'un parlementaire russe est venu demander une suspension d'armes pour enterrer les morts ; elle a lieu de midi à cinq heures, aujourd'hui samedi.—J'irai.

Sans doute, ma prochaine lettre contiendra d'autres détails. — Je ferme celle-ci à la hâte.

Vous savez sans doute que dans un de nos derniers feux, les Russes ont perdu l'amiral Istomine, commandant de la défense de gauche.

ONZIÈME LETTRE.

Devant Sébastopol, 24, 25 mars.

Rien de réellement important ne s'est passé dans le siége depuis ma dernière lettre; vous voyez que les semaines se suivent et ne se ressemblent pas.

Je pourrais vous dire pour notre attaque de droite ce que je vous disais dans mes dernières lettres sur l'attaque de gauche. Les travaux se poursuivent avec activité; les cheminements se font aussi rapidement que le permet un terrain souvent rocheux, et les pétardeurs y jouent un grand rôle. Les embuscades continuent leur système de feu de mousqueterie auquel nous répondons énergiquement; pendant ce temps-là, nos travailleurs posent leurs gabions ou se courbent sous le travail de leurs pioches, et nous avançons d'un pas lent, mais sûr, vers les points désignés.

On continue ici les conjectures, les espérances et les conversations; — car, croyez bien que l'on est dans les camps aussi ignorants des événements les plus rapprochés, qu'on peut l'être à Paris. C'est ce qui fait le désespoir des correspondants qui, n'ayant pas accès au quartier général, sont forcés, dans la violence de leur appétit, d'accepter tout ce qu'on leur offre, et souvent même ce qu'on ne leur offre pas.

Ainsi, j'ai encore lu dans un journal fort estimable que nous avions pris la tour Malakoff; cela m'a fait un réel plaisir de surprise; — toutefois, sachez qu'il n'en est rien, et que la tour, ou plutôt le point culminant sur lequel en sont les débris et les travaux en terre bien autrement importants que les travaux en pierre, ne sont nullement en notre pouvoir, par une raison bien simple, c'est que l'on ne l'a même pas attaqué. On y envoie des projectiles, on l'inquiète; rien de plus.

J'ai lu aussi que nos boulets avaient fait le plus grand mal au bastion du Mât et l'avaient, je crois, presque démantelé.

Nous n'avons pas envoyé *un seul boulet ;* nos embrasures mêmes ne sont pas dégorgées, afin de ne pas indiquer à l'ennemi l'emplacement de nos batteries, et ne pas risquer, avant l'ouverture du feu, des dégradations inutiles.

Le mystère dont on s'entoure est de toute nécessité ; car les espions, cette lèpre de la société, rôdent dans l'ombre, quelque soin que l'on prenne à se garantir d'eux.

Aussi un pauvre chirurgien de l'armée anglaise a été, par son imprudence, victime de la sévérité ordonnée par la plus impérieuse nécessité. — Il revenait de Kamiesh la nuit, au milieu de nos camps ; une des sentinelles placées sur le front de bandière lui cria : « Qui vive ? au large ! » menaça de tirer. — A quoi pensait le malheureux ? dans quelles réflexions profondes était-il plongé ? — toujours est-il, qu'il continua d'avancer sur le factionnaire sans répondre ; celui-ci fit feu, et l'étendit roide mort. C'est là, sans contredit, un triste événement, mais qui n'a pu modifier d'aucune façon la sévérité d'une consigne, sauvegarde de la vie de tous.

Je vous parlais d'espions tout à l'heure, et je vous avoue franchement que je ne comprends pas que le général en chef ait laissé au monastère de Saint-Georges les prêtres grecs qui l'habitent ; certes ils sont, je suppose, soumis à une active surveillance, mais quelle que puisse être cette surveillance, la multiplicité des bâtiments qui composent ce monastère, son voisinage avec la mer, ses communications avec les hauteurs de Balaclava m'inspireront toujours des craintes sérieuses, et je crois que, sans porter aucune atteinte à la religion dont le caractère sacré est inviolable, quel que soit le rite qu'elle professe, on eût pu faire reconduire à Sébastopol, ou sur tout autre point du territoire russe, ces yeux ennemis qui peuvent tout voir, ces oreilles ennemies qui peuvent beaucoup entendre.

La pensée qui nous a dominés en cette occasion est noble et respectable, mais est-elle bien prudente ?

Il s'est passé du côté d'Inkermann le petit fait suivant qui trouve ici tout naturellement sa place.

Du côté de la rive droite de la Tchernaïa, c'est-à-dire sur les pentes des ravins qui entourent et enveloppent pour ainsi dire la plaine, il y a un ancien couvent ; son nom, je ne me le rappelle pas.

Après la bataille d'Inkermann, si fatale aux Russes, on détruisit le pont de bois qui traverse la rivière et sur lequel une partie des troupes en fuite avait passé pour rentrer dans la place. Pour empêcher que l'on pût rétablir ce pont et éviter ainsi l'arrivée de l'ennemi de ce côté, un petit poste a été placé sur une hauteur voisine pour observer le jour tous les mouvements possibles des Russes, et la nuit, écouter attentivement si quelque bruit n'indiquait pas un travail quelconque sur ce point.

Ce poste signala un bruit très-marqué de travailleurs, coups de pioche et autres venant du monastère, seul endroit habité dans ces ravins, le seul par conséquent d'où pût provenir le travail dénoncé par nos éclaireurs.

On envoya quelques bombes en signe d'avertissement. Le lendemain un parlementaire apporta des plaintes au sujet des bombes lancées contre le saint monastère, mais il fut répondu que la prière, même la plus agréable à Dieu, n'avait pas besoin de tant de bruit autour d'elle, et que les moines, s'ils voulaient éviter ce petit inconvénient à l'avenir, devaient se réduire à prier en silence.

Cet épisode porte avec lui son enseignement.

Je n'ai pu, dans ma dernière lettre, vous parler que très à la hâte de l'engagement sérieux que nous avions eu avec les Russes dans la nuit du 22 au 23 mars. — C'est l'événement le plus grave et le plus important qui se soit passé depuis longtemps, puisque l'ennemi était arrivé au nombre de 10 à 12 000 hommes environ, avec le but bien arrêté d'envahir nos travaux les plus rapprochés et de les bouleverser en nous écrasant subitement par leur force numérique.

La loi que je me suis faite de me méfier de toutes les exagérations, de tous les enthousiasmes passagers, quel que soit le sentiment qui les inspire, ne m'a permis de vous raconter ce véritable drame que fort imparfaitement, car je vous écrivais au moment même où il venait de se passer; les détails manquaient, les victimes gisaient encore sur le lieu du combat, et chacun des combattants ignorait encore réellement les pertes qu'il avait à déplorer.

Aujourd'hui je suis à même d'entrer plus avant dans le cœur de cette nuit glorieuse pour nos armes, et qui a montré une fois de plus ce que peuvent l'énergie et le bouillant courage de nos braves soldats.

L'ennemi, comme je vous l'ai écrit, je crois, s'avançait en trois colonnes épaisses sur le mamelon à l'extrémité duquel est la redoute Vittoria, et par conséquent en avant de celui que nous appelons le *mamelon vert*. — La première de ces colonnes devait se jeter sur la droite de nos attaques près du ravin du Carénage. — La seconde devait prendre le centre de nos travaux en se dirigeant sur les embuscades qui avaient été disputées toutes les nuits précédentes, et sur lesquelles nous voulions établir une nouvelle parallèle en débouchant sur elles par une sape double debout. (Façon de cheminer rapide mais très-dangereuse et qui ne s'emploie que pour les petites distances.) — La colonne de droite s'avançait par le ravin de Karabel-naia contre notre gauche.

Celle qui menaçait notre droite n'attaqua pas ; on ne sait ce qu'elle est devenue. Peut-être n'avait-elle été dirigée de ce côté que pour nous empêcher de dégarnir nos réserves de droite.

Les Russes se jetèrent avec des hurrahs impossibles à dire sur l'extrémité la plus avancée de notre cheminement de gauche. C'était un tumulte épouvantable de cris déchaînés, de hurlements inconnus. On eût dit une bande de bêtes fauves sortie tout à coup du sein des montagnes. — Trois fois, ils revinrent à la charge, et trois fois repoussés par le 3ᵉ zouave et le 11ᵉ léger, ils rétrogradèrent laissant une longue traînée de morts, tranchée sanglante en avant de nos travaux dont ils avaient à peine renversé les premières gabionnades et les sacs à terre les plus avancés.

Dans ces luttes corps à corps, le brave commandant Dumas, debout sur ces gabions, combattant le premier et le plus menacé de tous, eut la poitrine traversée d'un coup de baïonnette.

Ce fut alors que la dernière colonne ennemie, s'étant portée par hasard, plutôt que par inspiration du côté de l'extrémité droite des tranchées anglaises, les trouva garnies d'un très-petit nombre de défenseurs et put, en y pénétrant et en s'y établissant, nous enfiler à la fois de leurs feux de flanc et par derrière; mais bientôt deux compagnies de réserve du 11e léger s'élancèrent sur les Russes qui, refoulés dans le ravin, furent décimés à leur tour par nos feux croisés, et chargés à la baïonnette.

L'action dura environ deux heures : de onze heures à une heure du matin; — action sanglante, terrible, et les premiers rayons du jour vinrent éclairer le terrain où gisaient des monceaux de cadavres, restes palpitants encore qui attestaient l'énergie de la défense et les inutiles efforts des masses ennemies.

Au milieu de cette sinistre obscurité, que de luttes terribles, énergiques, que de drames inconnus, dont les derniers cris du combat emportent la trace avec eux!

Ainsi, un capitaine du 3e zouaves avait reçu déjà plusieurs blessures d'armes blanches; il luttait contre un soldat russe. Pendant que de la main gauche il écarte la baïonnette prête à le traverser, et qu'il renverse son ennemi d'un coup de sabre, un autre soldat lui applique le canon de son fusil sur la tempe et fait feu; par un hasard inappréciable, la balle glissa sur le front en entamant seulement les chairs; mais la commotion fut terrible et le capitaine tomba; plusieurs coups de baïonnette le frappèrent à la fois, puis le croyant mort, on le laissa là.

Il resta sans mouvement, mais quelques instants après, ayant repris connaissance, il se traîna vers nos tranchées, enseveli pour ainsi dire, à moitié sous les cadavres, à moitié sous les sacs de terre bouleversés; et ce fut là qu'on le retrouva tout sanglant, lorsque les Russes refoulés eurent abandonné le terrain.

Je terminais ma lettre en vous disant qu'un armistice avait été accordé; il a eu lieu le 24, de midi à cinq heures.

On a compté, m'a-t-on assuré, plus de 400 cadavres russes restés sur le terrain, et l'on sait avec quel soin ils enlèvent toujours, autant qu'ils le peuvent, leurs morts et leurs blessés pour dissimuler le nombre de leurs pertes; il faut donc estimer à près de 600 le nombre des tués, et par conséquent à 1800 environ celui des hommes hors de combat. — Je parle ici des appréciations calculées sur les règles habituelles en pareille circonstance. — Le chiffre officiel de notre côté est 495, sur lesquels figurent les morts pour 104.

Nous avons à déplorer la perte de plusieurs officiers.

Les plus sensibles sont celles du commandant Dumas et du commandant Banon, toujours les premiers à s'élancer à la voix du danger.

Vous parlerai-je du colonel Janin? « — Il était magnifique à voir, me disait hier le général Bosquet en me racontant les détails de cette brillante action ; il avait cinq blessures, tant de balles, que de pierres dont les Russes se servent beaucoup dans leurs attaques, et à travers son visage, tout couvert de sang, on voyait briller son regard mâle et énergique ; il ne quitta pas le combat et resta dans la tranchée jusqu'au jour, essuyant seulement de temps à autre du revers de sa main son sang qui coulait. »

Je me suis rendu à cet armistice, qui des deux parts avait attiré beaucoup de monde.

Jamais je n'ai assisté à une scène qui m'ait plus vivement impressionné. C'était un cruel et triste spectacle, mais solennel dans sa tristesse, ayant un de ces aspects saisissants qui se gravent à la fois dans le cœur et dans la pensée.

A midi les clairons sonnèrent, *cessez le feu ;* les sonneries se répétèrent dans les deux camps ; on hissa le drapeau blanc, et aussitôt de tous côtés apparurent en face de nous des multitudes dentelant l'horizon comme une forêt vivante, puis des batteries, des embuscades, des épaulements, sortirent des soldats russes comme d'une fourmilière humaine.

Tous étaient sans fusils, et descendaient du mamelon vert sur le terre-plein où avait eu lieu l'engagement de la nuit.

A un signal donné par leurs chefs, nos soldats franchirent aussi le revers extérieur des tranchées. — En tête étaient le général Brunet, les officiers de service, ainsi que plusieurs généraux qui s'étaient rendus sur le lieu de l'armistice. Les soldats portaient des brancards, et ce cortége silencieux et grave s'avança sur le lieu où gisaient les cadavres des deux nations (car l'endroit où avait eu lieu l'attaque contre les Anglais était un peu plus loin sur la gauche, et eux aussi, accomplissaient le même devoir).

Les officiers se saluèrent, et les Russes y mirent une affabilité marquée.

Alors ce devint un pêle-mêle qui jamais ne s'effacera de mon souvenir.

Les soldats confondus entre eux cherchaient dans ce champ des morts ce qui appartenait à chacun ; les Français rendant aux Russes les corps des leurs ; les Russes apportant aux Français ceux de leurs frères d'armes ; les brancards se dirigeaient dans toutes les directions, chargés de leurs tristes fardeaux, et chacun s'en allait soulevant un cadavre pour regarder un visage ; alors on entendait des noms que les soldats prononçaient à demi-voix. — C'est ainsi que fut retrouvé au milieu de tous le corps du commandant des zouaves Banon, que j'ai vu étendu avec une balle dans la poitrine, côte à côte avec un jeune sous-lieutenant qui sortait de Saint-Cyr, et qui, dans cette fatale nuit, montait sa première garde de tranchée. — Pauvre jeune homme ! la mort l'avait frappé sans ôter à son pâle visage la douce expression de la jeunesse ; on eût dit qu'il dormait et qu'en le touchant de la main il allait se réveiller. — Nos braves soldats qui avaient succombé, étaient rapportés dans nos tranchées ; les Russes réunissaient en tas leurs morts derrière la plus grande de leurs embuscades, et de minute en minute on voyait s'élever ce funèbre monticule.

Pendant ce temps, des conversations s'échangeaient entre les officiers; on s'entretenait même du siége et de ses différents épisodes. — Certes celui qui fût venu au milieu de ces groupes, sans jeter les yeux sur le triste spectacle qui se passait autour de lui, n'eût pu croire que c'étaient des ennemis que réunissaient par hasard quelques heures d'armistice.

Ensuite on établit une ligne à vingt-cinq ou trente pas environ en dehors de nos cheminements, sur le lieu même où s'était passée l'action, et des sentinelles sans armes placées sur cette ligne empêchèrent dès lors de la dépasser. — A l'extrémité il se forma deux groupes, l'un d'officiers russes, l'autre d'officiers français; on s'interrogeait mutuellement sur les blessés et sur les prisonniers; — c'est ainsi que l'on apprit que le capitaine Letor de Crécy avait été amputé d'un bras à l'hôpital de Sébastopol, et qu'il avait en outre reçu une balle dans la cuisse et un coup de baïonnette dans la poitrine.

J'ai soulevé bien involontairement un incident assez singulier.

Comme je vous l'ai dit, une ligne de séparation venait d'être formée, et chacun de son côté continuait en silence son triste travail.

Devant moi, il y avait un groupe d'officiers russes que dominait un cosaque à cheval; le cheval était beau, le costume pittoresque. — Je tirai de ma poche le petit calpin sur lequel je réunis sans ordre les notes écrites et les notes dessinées, toutes deux servant à arriver au même but; les unes au souvenir des faits, les autres à celui des lieux où ces faits se sont passés; je me mis debout à dessiner ce groupe, qu'éclairait en ce moment un riche rayon de soleil. J'avais à peine tracé quelques coups de crayon, que mon cosaque à cheval gesticule et quitte sa place, ce qui me contrarie fort; mon groupe se dissout comme par enchantement; c'est un tumulte étrange auquel je ne prends pas garde dans le premier moment.

Mais un officier français accourt vers moi, et me crie :

« — Que faites-vous donc?

« — Moi, rien de bien intéressant.

« — C'est très-grave.

« — Quoi! repris-je fort innocemment en fermant mon album devenu inutile.

« — Il est défendu de prendre aucun plan.

« — Dieu m'en garde! J'essayais de dessiner un groupe qui était devant moi.

« — J'en suis convaincu, me répondit l'officier

fort poliment; mais ces messieurs, ajouta-t-il en me montrant les Russes, me paraissent très-susceptibles à cet endroit.

« — Je vais faire cesser leur susceptibilité. »

Et, m'approchant d'eux, je leur montrai mon carnet, sur lequel il y avait le commencement informe de deux capotes russes.

L'officier auquel je m'adressai me répondit fort affablement qu'il me croyait très-bien sur parole, me dit de continuer mon dessin, si cela m'était agréable, et me parla de notre journal, *l'Illustration*.

Je le remerciai; je mis mon carnet dans ma poche et je m'éloignai de quelques pas pour faire cesser cet incident.

En attendant le général de Salles, qui m'avait fort obligeamment permis de l'accompagner, je marchai sans but sur ce sol encore rougi de sang, que jonchaient tout à l'heure encore les cadavres entassés, et où je ne pouvais faire un pas sans fouler aux pieds quelques débris appartenant aux Russes : — casquettes, gibernes brisées, fourreaux de sabre, gants sans doigts. — Au milieu de tous ces objets épars, lambeaux arrachés au combat, je ne pus pas en découvrir un seul provenant d'un soldat français.

A une heure dite, les drapeaux blancs étaient enlevés; et la fusillade recommençait des deux parts vive, impétueuse, infatigable, tandis que les batteries lançaient dans les airs leurs projectiles avec un bruit retentissant.

DOUZIÈME LETTRE.

Devant Sébastopol, 26, 27 mars.

Comme il faut profiter des moments que laissent les hasards de la guerre, je m'empresse de vous écrire le récit d'une très-intéressante course que j'ai faite à Inkermann. C'était dans les premiers jours du mois, et je n'ai pu encore vous en parler.

Je ne sache rien de beau, de poétique, je pourrais même dire de grandiose, comme une promenade à travers cet immense plateau tout retentissant des bruits de la guerre et semé de ces milliers de tentes, qui aussi loin que l'œil puisse atteindre, blanchissent les coteaux, les plaines, les monts, les ravins, comme ferait la neige amoncelée par un vent du nord.

Il n'y a pas un pic où quelque chose ne vous dise : ici on veille. — C'est un camp, ce sont des tentes isolées ou quelques sentinelles qui semblent des points noirs mouvants sur les crêtes du plateau.

Je sens en écrivant que je ne puis rendre les impressions que je ressens, ni dépeindre l'éblouissant panorama qui se déroule devant moi. — Tableaux animés et changeants, dans lesquels tout concourt à l'imposante majesté du plus splendide spectacle.

En dehors de ces milliers d'hommes arrivés de l'Occident comme une nuée tombée du ciel, rien ne vit, on dirait un désert silencieux et morne que le souffle de la vie est venu subitement animer. Je parle de ce qui est, de ce que je vois, moi qui ne suis pas arrivé en même temps que l'armée et qui ai grand'peine à me figurer sur cette terre bouleversée, de riantes habitations, de verts jardins, de frais ombrages. — Et cependant aujourd'hui, en parcourant à cheval pendant près de cinq heures ce pays si pittoresquement coupé par des gorges tortueuses, des collines autrefois boisées, des mamelons que le soleil fait déjà reverdir, j'ai suivi, pendant près d'une demi-heure, un ravin qui conduisait aux nouveaux travaux de notre extrême droite, c'est-à-dire à ceux que nous dirigeons contre la tour Malakoff; tout à coup je me suis arrêté à regarder ce qui s'offrait à ma vue. Un riant ruisseau coulait en serpentant. — D'où venait-il? Où allait-il? C'est le secret de ces masses rocheuses qui me dominent et m'enveloppent.

J'avançais inégalement le long du ravin, dont les escarpements semblaient des murs de granit à moitié broyés par le temps ou déchirés par l'orage. — Tout autour de moi je vois des troncs d'arbres symétriquement rangés; leurs racines, vivaces encore, se tordent sur le sol; à côté d'eux quelques petits murs en pierre sèche, auxquels pendent des débris de toits; ce devait être autrefois une charmante oasis, et ces arbres, certainement séculaires, devaient ombrager ce vallon, entrelaçant les uns dans les autres leurs longues branches chargées de feuilles. — Ce ruisseau, aujourd'hui boueux, était peut-être limpide, caché dans les longues herbes; quelques enfants, gais habitants de ces maisons en ruine, venaient s'y jouer et tremper leurs petits pieds; — peut-être quelque austère vieillard à barbe blanche, de cette antique race des Tartares, s'asseyait là-bas au pied de ce gros chêne dont on voit les derniers morceaux fendus par la pioche ou la hache; peut-être en passant là où je passe, au lieu de ce bruit sinistre qui frappe à tout instant les échos, on eût pu entendre quelque jolie chansonnette et une fraîche voix de jeune fille. — Ma pensée reconstruisait ainsi un passé si près encore et déjà loin.

Le présent se compose de zouaves aux figures basanées. — Les uns, étendus, dorment de leur mieux; les autres, paisiblement assis, fument leur pipe, la tête pittoresquement enveloppée dans leur turban vert dont les rouleaux, mal attachés ou à moitié défaits, tombent sur le cou ou sur les épaules.

Ici des tentes-abri, là de petites cuisines creusées dans le sol, au-dessus desquelles s'échappe la blanche fumée de la soupe qui cuit.

Ici des chevaux qui hennissent, des mulets qui se vautrent, et la garde de tranchée qui se déroule le long du coteau comme les anneaux d'un reptile, et va garder les nouveaux cheminements ouverts cette nuit sur une longueur de 1500 mètres. — Les travailleurs arrivent avec des pioches, ceux-ci portent des fascines, ceux-là des charges de sacs que l'on doit remplir de terre. — Encore quelques heures, la nuit aura remplacé le jour et le travail commencera, ce travail qui marche à pas rapides, menaçant et infatigable.

Je gravis à pic un mamelon sur la crête duquel on a établi une redoute d'une vaste étendue, j'aperçois au-dessus des épaulements la céchia rouge et la baïonnette reluisante des sentinelles.

Cette promenade je la faisais avec le général

Rivet, chef d'état-major du 1er corps, et un de mes bons amis, le chef d'escadron Faure. — Quand je relirai ces lettres, il sera encore en Crimée, moi, je serai à Paris, et ce nom me fera grande joie à retrouver. — C'est au 1er corps, vous le savez, qu'appartient la direction des attaques sur la Quarantaine, le bastion du Mât et le bastion central dont je vous ai souvent entretenu dans mes dernières lettres, et le général tenait à se rendre un compte exact des travaux dirigés sur notre extrême droite.

De cette redoute on embrasse magnifiquement l'ensemble gigantesque qui s'étend sur un diamètre de 12 kilomètres environ. Toutes nos lignes se dessinent à l'œil nu, on voit la marche qu'elles ont suivie; on se rend aussi parfaitement compte des travaux des Anglais, et l'on suit, venant pas à pas se relier à eux nos nouvelles tranchées entreprises par le 2e corps.

Du point où nous sommes les distances s'effacent d'une façon étrange, la perspective les rapproche; les accidents de terrain, dont on ne peut apprécier la profondeur, semblent se toucher entre eux; — à ce compte-là les Français et les Russes pourraient presque se tendre la main; mais ils se tirent des coups de fusil.

Nous voyons parfaitement le mamelon sur lequel s'est livré le combat dans la nuit du 23.

Deux batteries russes y sont établies, et devant nous, dans l'étendue de terrain qui les sépare de ces batteries, plusieurs embuscades ont été élevées semblables à celles que les Russes agglomèrent partout où ils le peuvent. Nos francs-tireurs s'escarmouchent avec elles et nous voyons très-bien la fusillade, trop bien même, car une bombe vient d'être lancée à notre adresse avec un coup d'œil dont je félicite nos ennemis; nous entendons au-dessus de notre tête le sifflement saccadé qui indique son mouvement de rotation. — Elle tombe à 50 mètres de nous; l'épaulement nous garantit fort heureusement des éclats horizontaux et nous voyons les gros éclats passer par-dessus nous.

Cette bombe est tombée tout près d'un poste; mais les hommes qui vivent depuis cinq mois en compagnie des boulets se sont couchés à terre; aucun n'a été touché.

De cette redoute la ville de Sébastopol apparaît sous un aspect tout à fait nouveau. Elle se développe et montre ses immenses casernes, son brillant arsenal, ses bâtiments nombreux, ses jardins, ses coupoles. — Sainte-Clotilde ne la domine plus et se perd au contraire dans la masse des maisons au milieu desquelles reluit son toit vert. Sur le devant, il y a une grande place ; puis le port avec ses vaisseaux, et la passe barrée par l'encombrement des navires coulés par les Russes. — Le bastion central, le bastion du Mât ne sont que des points à peine visibles dans les brumes de l'horizon, le bastion du Mât surtout semble une sentinelle perdue très-éloignée de la ville ; — j'étais loin de soupçonner cette distance qui me paraît énorme. — La tour Malakoff au contraire, cette vieille tour ébréchée par le canon, apparaît menaçante avec ses batteries qui l'entourent, son réduit et ses abattis qui la protégent. Aux endroits qui sembleraient les plus inoffensifs, on voit tout à coup sortir un petit nuage de fumée et l'on entend le bruit strident d'un boulet, c'est une batterie ; le sol en est semé de tous côtés.

C'est un effet étrange, je vous assure, que de voir de cette redoute, comme je la vois en ce moment, cette ville sur laquelle le soleil couchant jette la teinte rougeâtre d'un incendie. — Tout autour d'elle, comme des sentinelles de bronze, les innombrables travaux de défense qui l'entourent, et devant, à droite, à gauche, nos réseaux de tranchées qui s'étendent à l'infini, se tordant dans les ravins ou gravissant les escarpements.

J'ai vu Sébastopol de tous les côtés; je l'ai vu du sommet des collines, je l'ai vu du fond des ravins; certes moi, qui suis né à Paris, qui l'ai habité toute ma jeunesse, je ne connais pas aussi bien les buttes Montmartre que je connais cette ville; c'est qu'aussi les buttes Montmartre sont à 2 ou 3 kilomètres de Paris et Sébastopol 1000 lieues environ.

Après avoir visité ces nouveaux travaux nous nous sommes dirigés vers Inkermann.

Je ne vous ai pas encore parlé d'Inkermann et cependant j'y suis allé deux fois. — J'éprouve un triste plaisir à parcourir ce plateau où s'est passée cette sanglante journée si héroïquement fatale aux Anglais. Qui dirait, en visitant ce terrain aujourd'hui désert, que des milliers d'hommes y ont combattu et que les cadavres faisaient plier sous leur poids sanglant les taillis touffus qui le couvraient? — Qui dirait, à voir ce silence qu'interrompent seulement quelques lointaines canonnades, que les échos de ces vieilles ruines ont répété tant de bruit de guerre, tant de cris de victoire, tant de gémissements plaintifs? — Passé cruel et superbe à la fois, que tu es loin déjà!

Le paysage qui nous environne est splendide : au

bas de ce plateau, taillé à pic, sur le revers nord, coule la Tchernaïa qui baigne de ses eaux argentées une verte prairie près de son embouchure, et s'éparpille sur la plaine. Au loin on voit des chevaux paître ; tout près de soi la route qui conduit à Sébastopol et par laquelle était venue silencieusement pour surprendre les Anglais l'armée formidable des Russes ; puis le paysage se tord en gorges infinies et sur les cimes lointaines se dessinent les tentes ennemies.

Au bas du plateau, dans le ravin qui borde la route, aujourd'hui encore il y a une centaine de chevaux dont les carcasses à moitié desséchées sont rangées avec soin. Ce sol nu, où commencent à pousser çà et là quelques touffes d'herbes, était couvert sur toute son étendue de pousses épaisses à hauteur de poitrine.

« — Jamais, me disait un officier qui me racontait cette bataille à laquelle il avait assisté, jamais je n'oublierai le souvenir de cette journée ; chaque fois que mon service de garde m'appelle à cette redoute, je viens m'asseoir sur l'éminence où nous sommes et je reste des heures entières recueilli dans mes souvenirs. Il me semble que je suis encore dans cette mêlée, que les canons ennemis qui étaient placés là-bas où vous voyez maintenant cette redoute française, vomissent encore leur pluie de mitraille; j'entends les hurrahs des Russes, les cris de nos soldats s'élançant contre eux; je vois le général Bourbaki se précipitant à la tête d'un régiment contre ces masses dans lesquelles il entre comme un coin de fer dans le tronc d'un vieux chêne. — Quelle mêlée! cela m'a rappelé ces effrayantes toiles de Salvator Rosa.

« Jugez-vous ce que cela devait être! — On ne se voyait pas; on se devinait; chaque buisson cachait un ennemi mort ou un ennemi vivant; au milieu des branches enlacées, des têtes se soulevaient; nos zouaves et nos turcos bondissaient comme des chevreuils.

Ici, il y avait des cadavres sur deux et trois rangs que le hasard du combat avait presque rangés symétriquement. Quelques-uns étaient restés debout ne pouvant pas tomber; leurs yeux étaient encore ouverts, seulement ils n'avaient plus de regard; pâles sentinelles de la mort, elles s'affaissaient lentement. — Tenez, voilà déjà de petites fleurs qui poussent au même endroit. »

Et tout en parlant il avait cueilli une espèce de tulipe sauvage, de couleur jaune, tachetée de rouge, dont il écartait entre ses doigts les minces pétales.

J'en cueillis deux que je mis dans mon portefeuille comme souvenir.

Le capitaine qui me faisait ce récit se leva et me montrant de la main l'extrémité du plateau :

« — Savez-vous, me dit-il, comment on appelle cet endroit ?

« — Non.

« — *L'abattoir*. Les soldats lui ont donné ce nom terrible, et depuis, c'est ainsi que chacun le désigne. »

J'avais déjà, en effet, entendu prononcer ce nom ; car c'est là que lord Raglan après la bataille, rencontrant le général Bosquet, lui dit en lui tendant la main :

« — Général, au lieu d'une main qui me reste, je voudrais en avoir quatre, pour vous les tendre toutes à la fois. »

Simple et touchant hommage rendu par le chef de l'armée anglaise à celui que toutes les voix appelaient le héros d'Inkermann.

Au même moment je vis du flanc des hauteurs en face de nous, de l'autre côté de la Tchernaïa, la fumée d'un canon ; j'entendis la détonation, puis le sifflement que fait le boulet qui alla mourir dans le fond du ravin.

Évidemment ce coup de canon était en notre honneur et à notre adresse.

« — Ah ! me dit le capitaine, voilà *Gringalet* qui se mêle à la conversation.

« — Vous dites....

« — Gringalet, reprit-il en riant. C'est encore un nom de circonstance, mais personne depuis le soldat jusqu'au général en chef n'appelle autrement cette batterie. — Nos troupiers l'ont ainsi nommée, parce que ses boulets ne vont jamais plus loin que ce ravin ; pas un seul n'a pu parvenir jusqu'ici. Si vous restiez quelque temps au milieu de nous, vous les entendriez répéter à chaque coup de canon : « Pas de force, Gringalet, pas de force ! »

« — Je suis enchanté d'avoir fait la connaissance de Gringalet, dis-je au capitaine ; alors chez lui, c'est de l'entêtement.

« — L'entêtement et l'espérance, me répondit le capitaine, se tiennent par la main. »

Je raconte tous ces détails, peut-être sont-ils bien futiles, peut-être fort peu intéressants, mais pour moi, c'est la vie de chaque jour que je prends au vol, tantôt triste, tantôt gaie, tantôt sérieuse, tantôt frivole, mais toujours pleine de cachet, de caractère et d'animation.

Pendant mon séjour en Crimée, j'ai bien souvent visité Inkermann. — Le souvenir de cet héroïque combat avait pour moi un attrait que je ne puis dire ; n'ayant pu assister à cette lutte de géants, je me sentais malgré moi entraîné vers ce plateau dont quelques parties encore étaient couvertes des lambeaux du combat.

Que de fois, laissant mon cheval aux mains d'un soldat, je suis venu m'asseoir sur le flanc de cette colline, d'où l'on domine l'âpre paysage dont la silencieuse majesté se déroule devant vous.

Un jour en contournant les flancs du plateau, je cherchai l'endroit où je savais que l'on voyait encore des cadavres sans sépulture, souvenirs humains de cette terrible journée.

En marchant avec soin le long des terres et en cherchant à s'abriter derrière des plis de terrain, on pouvait y arriver sans grand risque.

Dans ce ravin maintenant verdoyant, où de jeunes arbres enlacent leurs branches flexibles chargés de bourgeons naissants et de feuilles entr'ouvertes, c'est un spectacle d'un effet étrange, de voir ces squelettes desséchés recouverts encore de leurs vêtements.

La mort a souvent de saisissants aspects ; ces corps abandonnés semblent les refléter tous. — Ici elle est calme comme un sommeil ; là terrible comme un combat, plus loin saisissante comme une agonie. — Bien des jours glacés se sont passés depuis qu'ils sont là; bien des nuits orageuses, bien des tourmentes, bien des pluies torrentielles, bien des neiges amoncelées les ont couverts, linceuls blancs venus du ciel; puis les pluies se sont écoulées, les neiges se sont fondues; le soleil d'un printemps rapide a remplacé les glaces de l'hiver, et l'herbe et les fleurs, les plantes sauvages ont poussé tout autour.

Me courbant pour ne pas être aperçu, j'ai parcouru cet ossuaire silencieux non loin duquel coule la rivière vagabonde qui s'étend en vastes réseaux argentés; je me suis arrêté sur le seuil d'une sorte de grotte ou de caverne creusée par le hasard ou la tempête des éléments.

Dans cette grotte, dans cette caverne, des cadavres sont entassés pêle-mêle. — Combien y en a-t-il? mon regard n'a pu les compter; je voyais peu à peu les crânes blanchis disparaître et s'effacer dans l'ombre.

Ce qui m'a le plus frappé dans cette triste excursion, c'est le corps d'un soldat russe (dans ce ravin il n'y a que des Russes). Ses bras s'étaient tordus dans une dernière agonie par dessus sa tête; ses mains s'étaient crispées convulsivement et les doigts étaient entrés dans la terre qu'ils avaient labourée. La mort avait arrêté tout cela; les extrémités des membres s'étaient desséchées, et à travers les doigts écartés, l'herbe verte et des petites fleurs aux couleurs riantes et fraîches avaient poussé.

Je restai quelque temps à regarder cet étrange tableau qui faisait naître en moi mille impressions diverses tristes et graves; mais plusieurs balles que j'entendis siffler fort désagréablement à mes oreilles, me ramenèrent à la réalité, et je m'éloignai, car si j'étais resté plus longtemps, j'aurais couru risque de m'étendre à côté des pâles habitants de ce lieu funèbre.

Il ne faut pas que j'oublie de mentionner que nous avons, autant qu'il a été en notre pouvoir, enseveli les victimes d'Inkermann; mais les avant-postes ennemis ayant fait un feu de mousqueterie sur nos soldats, ceux-ci ont dû laisser l'œuvre inachevée.

Il ne faut pas, pour ensevelir les morts, faire tuer les vivants.

En regardant le sommet du plateau, je vis de tous côtés de longues fosses sur lesquelles l'herbe avait poussé, et au milieu de cette fraîche végétation on voyait surgir des bras nus, des jambes, et parfois des crânes blancs et luisants.

Mais j'oublie en vous racontant tous ces détails,

dont le seul mérite est la plus exacte vérité, que je dois rejoindre le général Rivet. Il se dirigeait avec le commandant Faure et le capitaine Colson vers la redoute du Phare.

De cette redoute, on aperçoit devant soi l'embouchure de la Tchernaïa et l'endroit où elle mêle ses eaux à celles du port; sur les longues herbes qui sortent de son sein, nous vîmes des nuées de canards sauvages qui s'ébattaient paisiblement, agitant de leurs ailes les herbes marines, qui tantôt s'inclinaient, tantôt se relevaient.

TREIZIÈME LETTRE.

Devant Sébastopol, du 27 mars au 8 avril.

Il y a longtemps que je ne vous ai écrit; car nous voici le 8 avril et ma dernière lettre se terminait au 27 mars.

C'est qu'aussi nous avons tous vécu dans un calme désespérant, vieux siége et jeune siége. Les nuits étaient privées du moindre *garde à vous!* les jours s'écoulaient dans l'oisiveté; et si le canon grondait, c'était évidemment pour n'en pas perdre l'habitude et se tenir en voix et en haleine. Nous avons armé nos dernières batteries. — Toutes nos bouches à feu sont prêtes; les magasins à poudre sont remplis; les approvisionnements sont terminés; — un mot, et tout ce bronze tonnera. — L'attaque de gauche contient plus de 300 bouches à feu.

Le temps est splendide.

Je suis allé passer cette semaine chez le général

Feray, qui commande la brigade des chasseurs d'Afrique, et j'en ai profité pour étudier ce côté de nos attaques et visiter les tranchées anglaises que je ne connaissais point. — Elles ne procèdent pas de la même manière que nous, et me paraissent moins bien défilées dans leurs différentes parties; mais leurs batteries sont fort habilement organisées. Certaines portions de leurs parallèles sont très-rapprochées aussi du but qu'elles veulent atteindre, et il est très-curieux d'étudier et d'observer le terrain à travers les embrasures.

Je cherche quelque nouvelle à vous donner pour ne pas laisser partir ce courrier sans lettre. — J'ai deux heures devant moi.

Le 6 de ce mois une division turque est arrivée sous le commandement d'Ismaïl-Pacha. — On attend aujourd'hui le généralissime ottoman.

J'ai déjeûné hier chez le général en chef avec Ismaïl-Pacha, qu'accompagnaient plusieurs officiers de son état-major. — Ce déjeuner a un aspect pittoresque et original qui me frappe. — Le commandant Magnan qui est près du général turc lui sert d'interprète. — Ce dernier lui dit : « Qu'après la prise de Sébastopol il donnera sa démission et quittera son uniforme; car, ajoute-t-il, après avoir vu l'armée française, on ne peut plus servir dans aucune autre armée. »

Vous devez comprendre que le général Canrobert n'a pas voulu rester en arrière de galanterie avec Ismaïl-Pacha, et s'est empressé de lui répondre : « Que l'armée ottomane était une de celles que l'on peut montrer avec orgueil à ses amis comme à ses ennemis. »

Quelle étrange physionomie présente ce déjeuner tantôt sérieux, tantôt frivole.

Le général Canrobert cause souvent bas avec le général Niel, et les regards suivent le mouvement des lèvres; — ici on est affamé de nouvelles et d'espérance; — ici on attend aussi avec cette fiévreuse impatience que chaque jour écoulé augmente encore. — Je ne sais pourquoi, mais j'ai presque la conviction que ma prochaine lettre vous apprendra du nouveau et que nous ne tarderons pas à ouvrir le feu.

On se réunit souvent en conseil chez le général en chef; pourtant rien ne transpire, au dehors, des résolutions de ce suprême aréopage.

Après le repas, le général Canrobert me fit l'honneur de causer quelque temps avec moi :

« — Eh bien ! général, lui dis-je, quand viendra le grand jour ?

« — Oh! me dit-il en souriant, cela dépend du bon Dieu !

« — Mais ici, vous êtes le bon Dieu.

« — Avec cette différence que nous sommes deux, et que le troisième va arriver demain, ajouta-t-il, faisant allusion à l'arrivée d'Omer-Pacha ; mais soyez tranquille, bientôt Sébastopol entendra parler de nous, et *nous en aurons pied* et *aile*.

« — Je n'en ai jamais douté.

« — A la bonne heure ! me dit le général, en me frappant sur le bras. Et au Clocheton, doute-t-on ?

« — On attend, général.

« — Eh bien ! dites au Clocheton qu'il n'attendra pas longtemps, et qu'il fera bien de s'occuper à se garantir des boulets. »

Au Clocheton, je fus reçu comme un porteur de vraies nouvelles, et je trouvai le capitaine Boussenard qui faisait élever devant notre maison une fort respectable gabionnade de tonneaux.

C'est aujourd'hui le jour de Pâques.

Le général Osten-Sacken a fait demander une suspension d'armes pour ce jour solennel ; mais de toutes parts nos travaux enveloppent de si près la place que le général Canrobert n'a pu accéder à cette demande.

Par un hasard qui semble venu d'en haut (car depuis le commencement du siége un fait semblable ne s'est pas produit), le rapport de l'ambulance porte : *zéro*. — Il semble que Dieu n'ait pas voulu que, pour le jour de Pâques, nous eussions la triste mission d'enterrer les morts.

Nous sommes allés avec les officiers du Clocheton entendre la messe dans la cabane de l'ambulance, que l'aumônier a arrangée avec coquetterie, si toutefois le mot coquetterie, même dans sa plus simple expression, peut être employé à Sébastopol.

« — Vous le voyez, nous dit l'abbé, aussitôt qu'il nous aperçut ; il n'y a ni un mort ni un blessé ; la cabane m'appartient tout entière aujourd'hui ; — la volonté de Dieu a fait trêve pour ce grand jour. — Remercions-le. »

Au dedans et au dehors de cette chapelle improvisée, un grand nombre de soldats assistaient à la messe.

Pendant mon absence de ce cher Clocheton, que j'aime comme un être vivant, il s'y est passé une scène assez intéressante que je vais vous raconter comme on me l'a contée.

On était à déjeuner. — Il y avait même un ou deux invités (car l'on s'invite à Sébastopol, et ce jour-là on couvre la table de conserves, on tord le cou à une poule et on boit une bouteille de bordeaux.... à titre de remboursement, à la santé de ceux qui vivent et à la mémoire des amis que l'on ne reverra plus).

On était donc en plein déjeuner, gais comme le sont toujours ceux dont à chaque heure la vie tient à un fil bien près de se briser, lorsque la porte s'ouvrit et un jeune homme entra. Il est blond, imberbe, sans uniforme; — à peine s'il lève les yeux; sa physionomie a quelque chose de triste. Il salue en entrant.

« — Pardon, messieurs, dit-il avec un accent étranger, ne vous dérangez pas. »

Et il alla s'asseoir sur une malle dans un des coins de la pièce.

« — Vous demandez quelqu'un?

« — Ne vous dérangez pas, reprit une seconde fois le jeune homme, en jetant un regard sur la chambre, puis en baissant tout aussitôt les yeux.

« — Ah çà, que voulez-vous? dit un des officiers avec une certaine brusquerie que comportait très-bien la vue de cet étranger dont l'entrée, vous l'avouerez, était suffisamment singulière.

« — Plus tard.... plus tard.... fit la voix douce du jeune homme.

« — Plus tard, pas du tout ; nous direz-vous ce que vous demandez ?

« — Pardon, messieurs, mais.... c'est la maison que nous habitions avec mon père !

« — Ah ! — Il fallait donc le dire. — Eh bien ! vous devez la trouver un peu changée ?

« — Oh ! oui, bien changée. — Elle était si gentille ! »

En parlant ainsi, sa voix avait une expression si triste que chacun en fut ému.

« — Allons, jeune homme, dit un des convives, venez boire un verre de vin avec nous et ne pensez plus à tout cela. »

Après s'être fait prier, l'ex-propriétaire accepta. — Il nous apprit que son père s'appelait Hildenhagen ; qu'il était pasteur protestant à l'armée de Sébastopol. — Lui, avait été fait prisonnier, et était interprète auprès des blessés russes à l'hôpital de Balaclava.

« — Si vous saviez, disait-il, combien cette petite maison était charmante. Mon père nous répétait : « C'est là que je veux mourir. » — Pauvre père ! ce n'est pas ici qu'il mourra ! — Nous avions un beau jardin ; des fleurs partout ; ma sœur les soignait elle-même. — Dans la serre, que de plantes ! Je les vois encore grimpant le long des murs et formant au-dessus de la tête un berceau de feuillage.

« — Il est vrai que la serre ne se ressemble plus, dit un des officiers. — En fait de plantes, il y a des tonneaux d'eau-de-vie pour les travailleurs. »

Le jeune homme secouait tristement la tête.

« — Ah bah ! chaque chose a son temps ! — Les fleurs repoussent ! Buvez ce verre de vin de Bordeaux. »

Lui souriait et buvait en disant : « — Messieurs, vous êtes bien bons. »

Et il racontait sa vie de tous les jours, alors qu'il habitait avec sa famille la petite maison du Clocheton. — Il désignait la place de tous les meubles.

Si quelqu'un d'entre nous, plus soupçonneux que les autres, eût conservé doute sur l'identité du jeune étranger, un petit incident que le hasard amena l'eût dissipé. — Notre chienne entra. (Je dis notre chienne par droit de conquête.) — Pauvre bête ! elle vivait je ne sais où, et avait été exposée à bien des coups de fusil ; elle conservait sur les reins la trace d'une balle qui l'avait effleurée. — Sans cesse elle rôdait autour de la maison ; mais au moindre mouvement que l'on faisait pour s'approcher, elle s'enfuyait épouvantée. — Nous avions fini par lui faire comprendre que nous étions des amis et que nous lui voulions du bien; aussi elle s'était apprivoisée, et, comme la chatte noire, était devenue notre hôte.

Les soldats la connaissaient et la nommaient: « la chienne du Clocheton. »

Lorsqu'elle entra, le jeune homme fit un mouvement de joie et lui tendit ses deux bras; il l'appela d'un nom qui nous était inconnu. — La pauvre bête dressa les oreilles, regarda celui qui l'appelait ainsi, puis d'un bond, sautant sur ses genoux, le couvrit de caresses. — C'était une scène empreinte d'une touchante simplicité; — le jeune homme lui parlait comme si elle eût dû le comprendre. — C'était tout le passé qu'il embrassait en embrassant sa tête fauve, marquée d'une étoile blanche. — Il avait les larmes aux yeux.

Il resta quelques instants encore; — puis, nous désignant un portrait qui était pendu à un clou le long du mur:

« — C'est le portrait de ma plus petite sœur, nous dit-il, voulez-vous me permettre de l'emporter?

« — Certainement, lui répondit-on, tout ici est à vous; prenez ce que vous voudrez. »

Il décrocha le portrait et une petite gravure de la *Cène*, d'après Léonard de Vinci; puis, nous remerciant de son mieux, il alla retrouver le soldat anglais qui l'avait accompagné.

On le vit s'éloigner dans la direction de Balaclava; — mais, de dix pas en dix pas, il s'arrêtait pour regarder cette maison, que peut-être il ne devait plus revoir jamais.

Je ne sais vraiment pourquoi je vous envoie cette lettre. — C'est une page de mon journal; ce ne sont pas des nouvelles, ce sont des souvenirs.

QUARTORZIÈME LETTRE.

Devant Sébastopol, 10, 11, 12 avril,

J'avais raison de penser que le feu de notre artillerie ne devait pas tarder à s'ouvrir.

Hier, ce jour tant attendu, tant espéré, est enfin arrivé.

Quoiqu'il n'y ait pas eu de très-gros événements, les incidents, le mouvement, le tumulte se succèdent avec tant de rapidité, surtout au dépôt de tranchée, que l'on n'a pas une minute, et que toutes les nuits sont agitées et sans sommeil.

Oui, le 9, à cinq heures du matin, nous avons ouvert le feu.

C'était un secret, et un secret très-bien gardé.

Mais à l'heure où se distribuent les travailleurs de la nuit, il y a une agitation inaccoutumée; leur nombre est augmenté, les soldats portent des gabions, d'autres de petites échelles; ceux-ci des pioches, des pelles; — les marins, munis de leurs outils propres à dégorger les embrasures, sont aussi de la partie, et passent en chantant et en jetant aux soldats de joyeuses plaisanteries. — Plus de doute! La nuit descend du ciel bien lentement au gré des cœurs qui battent et de l'impatience de tous. — La pluie tombe, hélas! le beau temps des jours passés a disparu.

Tout s'apprête, et chacun se jette habillé sur son lit.

A trois heures et demie, le général d'artillerie Lebœuf arrive et prévient que les ordres sont donnés pour la petite pointe du jour. Les batteries commenceront le feu sans signal, on fera évacuer par la troupe les endroits que l'artillerie aura piquetés.

Avant l'heure indiquée nous sommes tous debout; — déjà quelques lueurs blanchissent à peine l'horizon, pâles messagers du jour qui chassent les ténèbres de cette dernière nuit de silence.

La pluie continue à tomber fine et serrée; le vent souffle avec violence. — Néanmoins rien n'est changé à la décision suprême.

A cinq heures, les premiers coups de canon partent du centre, puis toutes les bouches à feu entonnent à la fois ce terrible et solennel chant de guerre. — Il y a aujourd'hui six mois que les premiers coups de pioche des travailleurs ont retenti sur ce plateau. Et quelles épreuves chefs et soldats n'ont-ils pas traversées?

Le ciel est couvert de nuages grisâtres qui assombrissent encore les clartés naissantes; un brouillard voile l'horizon et semble, par une fantaisie céleste, tantôt remonter, tantôt descendre.

Le vent qui vient du sud emporte avec lui vers la ville assiégée les détonations de notre artillerie, mais les lignes de nos ouvrages, de l'extrême droite à l'extrême gauche, se sillonnent d'éclairs; la terre semble s'entr'ouvrir et jeter des flammes. — Les batteries anglaises et notre attaque de droite se sont ébranlées en même temps.

La place, surprise par ce réveil inattendu, reste près d'un quart d'heure sans répondre; puis tous les bastions vomissent des torrents de feu. Ce sont des détonations foudroyantes, saccadées, interrompues; ce sont des boulets, des bombes, des obus qui sifflent avec un bruit continu et strident, semblables à une volée menaçante de serpents aériens. On voit de tous côtés contre les épaulements, le long des ravins, les projectiles sauter en bonds insensés. — La ville, tout à l'heure enveloppée d'un voile épais de fumée, apparaît tout à coup. Le vent a chassé des airs les traces du combat, et un rayon de soleil se fait jour à travers les nuages grisâtres.

Parfois les détonations cessent comme par enchantement ; mais c'est, si on peut le dire, un éclair de silence. Bientôt elles recommencent de nouveau frémissantes, infinies, et des ondulations de terrain qui cachent les batteries, on voit s'élancer à la fois 200 jets de feu et de fumée compacte. — Sur tous les points où le regard peut se porter ; c'est le même spectacle, ce sont les mêmes foudres tonnantes. — On aperçoit de tous les côtés les gardes de tranchées qui cheminent dans les boyaux de communication, et qui tantôt eux-mêmes apparaissent ou disparaissent sous un manteau de fumée.

Tel est le spectacle qui se déroule sous mes yeux, qui crie, qui tonne, qui bondit autour de moi.

Notre attaque de gauche seule a 303 bouches à feu dirigées contre la place. — Celle de droite 72 environ. — Les Anglais 141, m'a-t-on dit.

Sur un tertre élevé qui domine ce redoutable panorama, je ne puis m'arracher à cette saisissante contemplation, à ce duel effroyable d'artillerie, à ces mugissements d'airains, que les échos les plus lointains prennent dans leurs vastes poitrines pour les reporter au sein de cette chaîne de montagnes qui se multiplie et se perd à l'horizon.

Il y avait deux partis à prendre. Le premier de faire subitement appel à toutes ses forces vives, de foudroyer la ville et ses travaux de défense par notre artillerie combinée, puis aussitôt les premières brèches pratiquées, de lancer contre la place nos colonnes d'assaut, malgré l'espace qui nous en sépare encore; car le bastion du Mât et le bastion central, les deux points principaux de nos attaques, sont séparés de la ville par de profonds ravins.

Le second parti était, tout en ouvrant un feu vif, continu, pendant le jour et la nuit, d'inquiéter, de tourmenter l'ennemi, de dégrader ses travaux défensifs, de chercher à démonter ses batteries, d'éteindre sa première enceinte; mais de limiter notre tir et de cheminer vers les ouvrages sous la protection de notre artillerie, jusqu'au jour où nous pourrons pénétrer dans ces murs, sans risquer de voir nos colonnes foudroyées à distance.

C'est ce dernier parti qui semble avoir été adopté. Je raisonne par hypothèse, car les projets réels ne sont pas divulgués.

Par malheur la pluie avait presque rendu les

tranchées impraticables, l'eau s'y agglomérait par endroits en flaques profondes, et les pieds enfonçaient jusqu'à mi-jambe dans les terres détrempées. — C'était affreux et triste de voir l'état dans lequel étaient nos servants de batterie, couverts de cette boue blanchâtre et littéralement inondés; mais à travers la pluie, et malgré l'orage, la joie, l'énergie, l'entrain brillent sur les visages. — On ne se plaint que d'une chose, c'est que le tir libre dans la matinée, soit déjà limité.

Quant à celui des Russes, il est ce qu'il a toujours été, très-irrégulier, tantôt vif, solidement nourri, tantôt, au contraire, insignifiant, au point que l'on pourrait croire une partie de ses batteries réduites au silence; mais tout à coup les voilà qui lancent des salves d'artillerie, et vingt boulets ou projectiles creux traversent l'air à la fois.

Dans la matinée nos pertes sont assez sensibles, car le courage est imprudent; c'est un nouveau danger qu'affrontent nos artilleurs, nos braves marins, et contre lequel ils ne savent pas encore se garer.

Je suis allé visiter l'ambulance; les nouvelles cabanes en bois sont remplies; les brancards y affluent.

Mais dans le jour le nombre des blessés est

loin de suivre la progression du matin. — Au contraire, la journée est bonne. Nous n'avons que 72 hommes hors de combat, sur lesquels 14 tués.

On devait, dès le soir même, enlever sur deux points différents, huit ou dix embuscades, puis cheminer avec les travailleurs, afin d'envelopper une portion du cimetière dans l'intérieur de nos ouvrages, la relier avec nos parallèles et dominer la crête du ravin qui est devant la ville; mais la pluie, qui a détrempé les terres, force à remettre l'opération projetée.

Dans cette première journée nous n'avons eu que cinq pièces momentanément hors de service et un affût brisé.

Il est presque impossible d'apprécier le mal que nous pouvons avoir fait à l'ennemi, même sur ses travaux extérieurs.

Les jugements dépendent beaucoup des caractères; — ceux-ci sont optimistes, ceux-là, au contraire, pessimistes à l'excès. — Pour les uns, c'est superbe; pour les autres, c'est médiocre.

En voulez-vous un exemple par ce qui se passe dans nos propres tranchées?

C'était le lendemain de l'ouverture du feu. — A 10 heures du matin quelqu'un vient au Clocheton.

« — Vous savez ce qui vient d'arriver, dit-il, c'est fort triste.

« — Quoi donc?

« — Quatre de nos batteries sont entièrement réduites au silence et *chamberlées*.

« — En êtes-vous bien sûr ?

« — La chose est positive, répond la personne qui parlait; je la tiens d'individus qui les ont vues. »

En effet, c'était un triste et rude événement.

Aussitôt après le déjeuner je pars avec un des officiers aides-majors de tranchée, le capitaine Boussenard, et nous courons à ces malheureuses batteries, pendant que cette déplorable nouvelle se répand sans doute déjà de tente en tente.

Nous arrivons. — Toutes quatre étaient dans l'état le plus florissant de santé et tiraient bel et bien : — celle-ci ses canons, celle-là ses obusiers ; qui plus est, dans les quatre, depuis le commencement de la journée, il y avait eu un seul tué et 3 blessés, dont 2 très-légèrement.

Ainsi presque toujours des appréciations immédiates. — Chacun leur donne, malgré soi, un reflet, soit de ses craintes, soit de ses espérances.

Puisque je vous ai parlé de ces batteries, laissez-moi vous raconter ce que j'y ai vu. — Peut-être sera-ce pour vous un spectacle aussi nouveau que pour moi.

Jamais je ne m'étais trouvé à pareille fête, et je sentais s'éveiller comme un monde d'émotions inconnues. — C'était le véritable siége qui commençait, et la vie circulait à flots dans ses larges artères.

Quoique les nuages lourds et sombres qui enveloppaient le ciel eussent disparu, quoique la pluie eut cessé de tomber, le mauvais temps, qui avait duré près de vingt-quatre heures consécutives, avait détrempé toutes les terres qui sont argileuses; les plates-formes étaient inondées. — Le terrain était devenu si mou que l'on y enfonçait à mi-jambes, tandis que dans d'autres parties, l'eau réunie en flaques profondes, mouillait jusqu'aux genoux les servants. — Les boulets étaient couverts d'une couche épaisse de boue; les parapets, effondrés par les projectiles ou dégradés par les eaux, offraient un aspect impossible à décrire : on y avait par endroits entassé des sacs à terre.

Étrange spectacle que présentait ainsi l'intérieur d'une batterie. — Tous ces hommes, les vêtements inondés et collés sur le corps, couverts eux-mêmes d'une boue blanche mêlée à la teinte noire de la poudre, énergiques, résolus, heureux et souriants;

— ceux-ci apportant des boulets, ceux-là chargeant des projectiles creux, d'autres servant leurs pièces, et ne secouant même pas la tête pour faire tomber les morceaux de boue et de terre que les projectiles ennemis leur envoyaient en frappant dans les épaulements. — Puis à un moment donné le pointeur ou chef de pièce se courbait sur sa mire, faisant un signe de la main, soit pour qu'on levât, soit pour qu'on baissât la pièce, tandis que l'officier qui commandait allait de droite à gauche, inspectant chaque chose et rectifiant souvent lui-même le tir.

Devant l'un des canons, sous les pieds de celui qui pointait fort tranquillement, il y avait de larges taches rougeâtres.

Le lieutenant d'artillerie vit que je les regardais; il vint à moi.

« — Nous n'avons eu qu'un seul tué, me dit-il en me montrant cet endroit; — c'est là. — Il y a une heure tout au plus, à cette même place, le chef de pièce a eu la tête emportée. — C'était un excellent pointeur que je regrette infiniment.

« — Par un coup d'embrasure? lui dis-je.

« — C'était, reprit le lieutenant, un véritable duel entre eux. (Il me montrait de la main une batterie ennemie très-visible.) Mais soyez tranquille, avant d'avoir eu la tête emportée, il a dû leur égueuler plus d'une pièce. — Voulez-vous voir où vont porter nos coups?

« — Avec grand plaisir, fut la réponse du capitaine et de moi.

« — Notre point de tir est un peu à gauche de ce mur blanc. — Montez sur le parapet; seulement si vous apercevez une petite fumée blanche partir de cette ligne là-bas sur la droite, baissez-vous aussitôt derrière l'épaulement. »

Et il me donna sa lorgnette.

Avant de monter sur le parapet, je jetai un coup d'œil; tous les hommes étaient à leurs postes sur le flanc des pièces.

Au signal cinq firent feu successivement, et nous vîmes plusieurs boulets arriver très-droit sur les terres qui firent jaillir comme un nuage de fumée jaunâtre.

« — Je crois qu'il y a eu du bon là-dedans, me dit le lieutenant. »

« — A vos pièces, cria-t-il, chargez.

De cette batterie nous allâmes successivement à plusieurs autres, et l'on apercevait très-distinctement la large brèche que nous avions pratiquée dans le mur crénelé.

Dès le second jour, à l'exception de quelques batteries qui tirent à volonté par raison de leurs vues, notre tir a été ainsi fixé : — quarante coups par pièces de canon, trente par obusiers.

Je termine ma lettre, car le courrier va partir. Par le prochain bateau, je vous parlerai sans doute combats et travaux. — *Alea jacta est.*

QUINZIÈME LETTRE.

Devant Sébastopol, 11, 12 mars.

Les nuits qui ont suivi ma dernière lettre ont été employées à des opérations de cheminement difficiles et périlleuses.

Enlever des embuscades, s'y maintenir ou les raser, puis sur un terre-plein cheminer sous la fusillade de l'ennemi et sous le feu des bastions. — C'est là une rude besogne dont en lisant le récit on ne comprend peut-être pas les immenses difficultés. C'est pour cela, que bien souvent peut-être, je reviens sur le même sujet; car c'est la seule guerre non de tous les jours, mais de toutes les nuits.

Nuit du 10 *au* 11. — Les embuscades sont enlevées avec cet élan irrésistible que mettent nos troupes dans leur attaque. — Mais la pluie est violente, le tracé difficile, l'exécution lente. — On aperçoit des masses noires, ce sont les Russes qui redoutent de leur côté une attaque de vive force. Les compagnies avancent, la fusillade s'engage avec les bataillons de soutien ; les travailleurs craignent d'être tournés par l'ennemi et se replient sur la parallèle.

Comment empêcher ces doutes, ces hésitations, quand des forces inconnues, inappréciables au milieu de l'obscurité, peuvent tout à coup fondre à l'improviste sur les travailleurs ; exposés à la fusillade et à la mitraille, ils déchirent inattentivement le sol, pendant que leurs yeux cherchent à travers les ténèbres si quelque ennemi ne vient pas les surprendre ?

La nuit prochaine on doit reprendre à nouveau les travaux d'hier et continuer le tracé en se rendant définitivement maître des postes russes.

De nouvelles instructions sont données.

« Il est spécialement recommandé de faire protéger le flanc des tirailleurs par une ligne de vedettes couchées à plat ventre, qui ne se replient qu'autant qu'il y aurait force majeure, et permettent ainsi aux travailleurs de tenir jusqu'à la dernière extrémité. »

Ces instructions ajoutent :

« Comme on doit cheminer en même temps en avant de la 3ᵉ parallèle, il y a lieu d'enlever les

4 embuscades à droite en avant du **T**, si l'artillerie n'a pu les détruire. »

Le hasard de la guerre est venu encore contrecarrer nos projets et en retarder l'entier accomplissement.

Car nos cheminements maintenant sont si avancés, qu'il faut s'attendre à une série d'obstacles toujours nouveaux.

A 9 heures les troupes sont lancées, elles s'emparent rapidement des postes que l'ennemi abandonne toujours, après avoir fait supporter aux assaillants une première décharge. — Quelques-unes sont détruites, d'autres comprises dans l'intérieur de notre tracé.

Les Russes ne tardent pas à revenir en plus grand nombre, selon leur habitude ; — distribués en tirailleurs, les uns cachés derrière des pierres, d'autres protégés par les plis du terrain, ils engagent une vive fusillade avec les compagnies de soutien.

Le 46e tenait la tête. Ce vigoureux régiment avait compris la mission difficile qui lui était donnée, et malgré un feu terrible qui le faisait beaucoup souffrir, il est resté à son poste, combattant sans cesse. — Ce seul régiment a eu 73 hommes hors de combat.

Pendant ce temps nos batteries, et principalement la batterie 25, envoyèrent dans le ravin, où se tenaient les bataillons de renforts ennemis, des salves de bombes qui durent leur causer grand dommage, car l'on entendit de différents points partir des cris confus.

Si les dames de Sébastopol (comme l'avait dit un jour d'armistice les officiers russes) aiment fort à assister au feu d'artifice de nos bombes, elles ont dû être grandement satisfaites de notre batterie 25, qui pendant toute la nuit, avec ses mortiers, n'a cessé de lancer des salves de projectiles qui montaient dans l'air comme des bouquets enflammés.

Sous ce feu puissant d'artillerie le travail cheminait vigoureusement. Malheureusement le commandant du génie Mangin qui dirigeait le travail est blessé; par imprévoyance, il ne s'est pas entendu avec son capitaine, et celui-ci n'ayant pas reconnu le terrain, n'ose avancer plus avant que le tracé commencé; le travail se trouve de nouveau interrompu.

Cependant il était important d'en finir avec ces combats qui, en nous coûtant de braves soldats, ne nous avaient donné que des résultats négatifs.

Je ne sais si je vous ai parlé déjà de la nature de ces embuscades que les Russes sèment de côté et d'autre avec une si incroyable activité.

Il y en a de plusieurs sortes. — Quelques-unes sont simplement des trous de loup, c'est-à-dire des trous assez profondément creusés en terre pour y placer quelques hommes que protégent contre nos tireurs, des pierres entassées, au milieu desquelles sont pratiquées de petites embrasures. — — D'autres sont de véritables murailles élevées en avant de nos tranchées, solidement construites, et percées d'embrasures; un fossé profond est pratiqué par derrière avec des gradins de fusillade. — 25 ou 30 hommes peuvent facilement s'y abriter, et entretiennent toute la journée un feu nourri.

Certes, c'est par ces embuscades que les Russes nous ont fait le plus de mal. — Elles apparaissent comme par enchantement sur le sol, semées sur tous les points, audacieuses, infatigables; détruites aujourd'hui, elles reparaissent demain, et chaque nuit qui s'écoule semble une rosée vivifiante qui les agrandit et les fortifie.

Aussi des mesures toutes spéciales sont ordonnées par le général Pélissier.

Les opérations à exécuter seront divisées en deux portions : — l'une comprendra les travaux du Cimetière, — l'autre les travaux en avant du T.

Chacune des attaques sera commandée par un général, afin d'éviter la confusion, et permettre à ces officiers généraux de surveiller le mouvement des bataillons engagés.

Des troupes d'élite seront envoyées, et les travailleurs sont au nombre de 3000, sans compter les gardes de tranchée, les bataillons de réserve et ceux de soutien.

Le général en chef, le général Pélissier, le général Dalesme et les généraux chefs d'état-major viennent au Clocheton vers une heure, afin de visiter le travail qui doit s'exécuter et convenir des dernières instructions.

Le général Canrobert s'arrête dans les batteries, parle aux artilleurs.

Tout à coup une bombe vient tomber au milieu de la tranchée, à quelques pas du groupe que forment les généraux. — Les éclats meurtriers du projectile peuvent d'un seul coup abattre bien des têtes précieuses. — Ce fut un moment d'angoisses inexprimables, non pour ceux que le danger menaçait, mais pour ceux qui, à l'abri de la mort, la voyaient planer si près des chefs de l'armée. — Chacun s'arrête, s'abrite de son mieux; heureusement la bombe éclate au milieu des gabions et ne blesse personne.

A la batterie 16 on présente au général Canrobert un artilleur qui, blessé et retenu depuis une semaine à l'ambulance, l'avait brusquement abandonnée le jour de l'ouverture du feu, malgré les remontrances du médecin, « voulant, disait-il, servir sa pièce et ne pas manquer un si beau jour. »

Le général prend une médaille militaire et la lui donne devant tous.

Certes, c'est là un épisode bien simple, mais vous ne pouvez comprendre combien il empruntait de mâle poésie au lieu où il se passait, sous le feu du canon, devant les pièces fumantes.

Le voyez-vous ce brave soldat, les vêtements couverts de terre, le visage et les mains noires de poudre, — combattant arraché à la lutte pour paraître devant son général ; — ses yeux brillent :

« — Vive l'Empereur ! dit l'artilleur ; vive mon général ! »

Et il retourne à son poste tout radieux en regardant la médaille qui brille sur sa poitrine.

Dans le même moment passait un brancard ; il portait le capitaine du génie Mouhat, qui venait d'être mortellement blessé.

Mis à l'ordre du jour par le général en chef, le capitaine Mouhat avait été récemment nommé officier de la Légion d'honneur.

Quand il arriva à l'ambulance, il rendit le dernier soupir. — Les soldats qui l'avaient apporté prirent, chacun à son tour, la main encore chaude du capitaine et la portèrent à leurs lèvres.

Bientôt la nuit va venir.

Le général Rivet, chef d'état-major du général Pélissier, et le général Breton, de garde à la tranchée, doivent diriger les opérations.

Nuit du 13. — Vers neuf heures et demie, la fusillade s'engage avec vivacité; — elle dure pendant plus d'une demi-heure sans décesser un seul instant.

A 10 heures et un quart un planton arrive. Les embuscades sont prises, tout va bien; — il demande une compagnie de renfort, qui part aussitôt. — Pour éviter la confusion qui s'est manifestée l'avant-dernière nuit, les sonneries sont supprimées. — Ces sonneries, en effet, sont excellentes pour nous prémunir contre une attaque imprévue; mais lorsque nous attaquons, elles deviennent inutiles, dangereuses même, en intimidant nos troupes et nos travailleurs.

Deux prisonniers russes nous sont successivement amenés.

L'un d'eux est un sous-lieutenant; ses deux mains sont déchirées et sa capote grise est marbrée de taches sanglantes. — On lui rend son sabre; il remercie d'un signe de tête; puis s'appuyant contre le mur, il reste immobile et morne, ne prononçant pas un seul mot.

L'autre prisonnier est un soldat. — Le visage de ce malheureux est tellement en lambeaux que le sang l'aveugle et tient ses paupières collées les unes contre les autres. — On lui donne à boire. —

Tous deux partent pour l'ambulance.

Bientôt nous avons des nouvelles. Au signal donné sur les deux points d'attaque simultanément, les compagnies massées avec soin ont escaladé les parapets en silence, et cherchant dans l'obscurité la direction des embuscades, se glissent, courbées à terre, pour cacher leur approche; puis elles s'élancent au pas de course. — Les Russes, sans doute sur leurs gardes, les attendent résolûment, et à trente pas, les reçoivent par un feu terrible. — Beaucoup sont abattus; les autres escaladent les postes que les Russes abandonnent en continuant de faire feu; mais quelques-uns sont tués sur les créneaux, avant qu'ils aient eu le temps d'opérer leur retraite.

Ceux qui s'enfuient redescendent en toute hâte le flanc du ravin au fond duquel sont les réserves. Celles-ci, dès le commencement de notre attaque, n'avaient cessé de pousser des cris frénétiques, de sonner de tous leurs clairons, de battre la charge;

mais un déserteur nous avait dit que tous ces cris avaient pour but unique de nous intimider, d'une part, et de l'autre d'animer au combat les compagnies engagées, sans que ces réserves se portassent pour cela en avant.

Nos soldats, prévenus que ces hurrahs n'annonçaient, en aucune façon, l'arrivée d'un corps nombreux, ne s'en préoccupaient plus.

Les bataillons de soutien accourent, se placent aux postes désignés, et les sapeurs du génie commencent la démolition des embuscades. — Pendant ce temps, chacun creuse à la hâte quelques trous derrière lesquels les uns s'abritent, tandis que d'autres, couchés à terre, veillent et attendent; puis des vedettes se glissent dans les ondulations de terrain, pour empêcher une surprise et reconnaître l'approche des ennemis.

Vers onze heures, ceux-ci se présentent en nombre suffisant pour reprendre ce qu'ils ont abandonné; — mais chaque soldat, cette fois, les attend de pied ferme. — Ils n'osent engager une lutte corps à corps, et se contentent d'un feu de mousqueterie, pendant que leurs bastions lancent des coups chargés à mitraille.

Trois fois repoussé avec la plus vigoureuse énergie, l'ennemi est revenu trois fois à la charge sans que le travail ait été un seul instant interrompu, et 675 gabions sont placés, ainsi que cela avait été décidé dans la journée.

Toutefois, craignant que les lignes couvrantes ne fussent forcées, on envoya un bataillon de la légion étrangère qui, sous le feu de la place, se massa énergiquement sur les points menacés.

Ils sont d'intrépides ces soldats de la légion étrangère, et comme ils forment, pour ainsi dire, une petite armée à part dans la grande armée, permettez-moi de vous en parler.

Ce soir-là un d'eux qui la veille avait commis une faute, et que son commandant avait très-rudement traité, s'approcha de lui et lui dit :

« — J'espère, mon commandant, que vous me pardonnerez, j'ai deux balles dans le corps. »

Un de leurs officiers me disait :

« En dehors du service ce sont d'horribles soulards, peut-être même d'atroces coquins, rudes à mener, dangereux à discipliner; mais énergiques et indomptables au feu. »

Une grande partie de ces régiments est composée de déserteurs, d'hommes qui ont quelque chose sur la conscience (peut-être même beaucoup). — S'ils désertent, ce n'est pas pour aller à l'ennemi, mais bien pour vendre leurs effets. — Ils ne connaissent rien que le courage, n'estiment que lui, et regardent le reste comme un fardeau inopportun dont on a le droit de se débarrasser aussitôt qu'on le peut.

Singulière éducation militaire, n'est-ce pas? Souvent les compagnies se font justice elles-mêmes.

Un homme est mis à l'index de ses camarades. — Le soir venu, les camarades *l'abîment* (c'est le mot); la mort s'ensuit le plus souvent, et le lendemain le docteur met sur le rapport : « Un tel, mort.... d'une chute. »

On sait ce que cela veut dire et on ferme les yeux.

Dernièrement un homme avait déserté et avait été repris. — On l'envoie aux silos. (Les silos sont des trous pratiqués comme des puits très-profondément en terre; on descend dans ces sortes de cavernes étroites et souterraines ceux qui sont condamnés, et là, ne pouvant se coucher, forcés d'être accroupis sur eux-mêmes, ils restent ainsi souvent quarante-huit heures, trois jours, huit jours même; — supplice terrible, le seul qui puisse dompter, ou du moins briser un peu par l'épuisement ces natures cyniques et rebelles.)

Donc le déserteur avait été descendu dans un silo.

« Vous avez tort, mon lieutenant, dirent de vieux soldats; — dans un silo, ça se plaint, ça crie, ça fait du bruit; vous auriez mieux fait de nous le confier, nous l'aurions mené ce soir dans le ravin. »

Je doute fort qu'il en fût revenu.

Il y a nombre de choses que l'on réprimerait avec la plus grande sévérité dans d'autres régiments; mais sur lesquelles, en faveur de certaines qualités, il faut fermer les yeux.

Du reste, les sous-officiers et les caporaux sont excellents et ont une grande influence sur les soldats qu'ils mènent rudement. — La dureté pour tous, l'amour-propre chez quelques-uns; voilà les seuls mobiles qui puissent servir de levier sur ces troupes composées d'éléments si divers, de nations si opposées.

Mais pour contrebattre, comme l'on dit ici, cette analyse des caractères individuels, hâtons-nous de dire que partout où la légion étrangère a été appelée, elle s'est jetée au premier rang, au plus fort du danger.

Vous m'en entendrez souvent parler dans ces récits; car souvent elle a combattu, souvent elle a souffert.

Voulez-vous deux traits entre mille?

Un sergent-major de la légion était descendu sur le flanc du ravin de la Quarantaine en vue des embuscades; — aussitôt il est assailli par une grêle de balles; — une lui fracasse la cuisse, il tombe. — Son caporal s'élance aussitôt par la même route et court vers son sergent; il le prend sur ses épaules et revient vers la tranchée. — A moitié route une balle lui traverse l'épaule et le renverse; — il se relève, reprend le blessé sur l'autre épaule et regagne la parallèle, aussi tranquillement que s'il ne lui était rien arrivé.

Il a été décoré de la médaille militaire.

Un sergent, vieux soldat d'Afrique, est de garde. — On l'envoie le soir placer un petit poste sur un point très-avancé, derrière un pan de muraille qui abrite de la mousqueterie des embuscades ennemies.

Il revient. — Le lieutenant lui demande :

« — Es-tu bien sûr que les hommes peuvent voir à 40 ou 50 pas? »

Le sergent part, puis revient un instant après.

« — Eh bien, dit l'officier?

« — Ils voyent très-bien, mon lieutenant.

« — Comment le sais-tu?

« — Je suis sorti par la brèche et j'ai été me placer à 50 pas en avant; ils me voyaient comme je vous vois. »

Il faut bien passer quelques *petites peccadilles* à de tels hommes.

Voilà une lettre tout entière de combats, d'attaques nocturnes et de rudes travaux. — Ne trouvez-vous pas qu'elle sent la poudre et la mitraille?

Malheureusement cette dernière nuit glorieuse pour nos armes nous a coûté 6 officiers.

Le chiffre de nos morts, y compris la journée, s'élève au chiffre de 40 et les blessés à 100 ou 120.

Les résultats obtenus ont une grande importance, car nous avons détruit sur une grande étendue tous ces petits postes qui nous tuaient beaucoup de monde par leurs fusillades perpétuelles, et commencé une voie de cheminement qui nous rapproche grandement du bastion central.

J'ai à vous annoncer un triste événement. Le général Bizot, en visitant les tranchées anglaises, en compagnie du général Niel, a été très-gravement blessé d'une balle qui lui a traversé le visage, de la mâchoire à la joue. — C'est lui qui depuis le premier jour a dirigé les travaux du siége avec une infatigable énergie et un courage imprudent qui le poussait toujours aux endroits les plus périlleux.

SEIZIÈME LETTRE.

Devant Sébastopol, 15, 16, 17 avril.

Le général Bizot est mort dimanche dernier à dix heures du matin. C'est un deuil dans toute l'armée, une affliction profonde dans tous les cœurs, car c'était le type du dévouement, de l'abnégation, du devoir. — Bien souvent on lui avait reproché cette courageuse imprudence qui le faisait chaque jour, chaque nuit exposer sa vie comme un simple soldat ; mais il souriait en secouant la tête. Un instant on avait espéré le sauver et après l'extraction de la balle, le médecin en chef avait eu les plus heureux pressentiments ; une heure même avant ce fatal événement, rien ne le faisait supposer, mais tout à coup un épanchement intérieur dans le cerveau l'a enlevé.

Cette nouvelle a été annoncée au général Canrobert le jour même ; ses traits se sont subitement altérés.

« Pauvre Bizot, a-t-il dit, chef habile, intrépide soldat ; — c'était la volonté de Dieu. »

Le lendemain, tout ce que les trois armées comptent d'officiers généraux avait voulu rendre un dernier hommage au général Bizot et accompagner sa dépouille mortelle.

A trois heures les trois commandants en chef des armées alliées s'étaient réunis suivis de leurs nombreux états-majors ; le général Pélissier, le général Bosquet ne manquaient pas au dernier rendez-vous de leur vieux camarade.

Les soldats du génie entouraient silencieusement l'espace où devait se passer la funèbre cérémonie. — Au milieu de cette foule c'était un silence triste et grave qui impressionnait vivement. Au loin le canon tonnait et les fusées sillonnaient le ciel ; amis et ennemis saluaient ainsi des salves de leur artillerie l'intrépide soldat dont notre armée déplorait la perte.

Le service s'est fait dans la cabane qui sert de chapelle.

Puis, de cette cabane arrangée avec soin par l'aumônier, sont sortis deux corps portés par les soldats du génie ; — le premier était celui du général Bizot avec son uniforme, son épée, son chapeau, sa croix de commandeur ; l'autre, celui du commandant Masson, également du génie, mort le même jour d'une blessure reçue aussi dans la tranchée.

C'était une cérémonie triste et solennelle que celle de ce double enterrement, le chef et son lieutenant, tous deux estimés, tous deux regrettés ; le drame était digne du théâtre ; — c'était au milieu de ces camps, de cet appareil de guerre, de ce bruit du combat, de ces soldats assemblés, de ces trois armées unies, pour ainsi dire, sous le même deuil.

Derrière les deux cercueils marchaient lord Raglan, Omer-Pacha et le général Canrobert. Sur la seconde ligne le général Pélissier, le général Bosquet, le général Niel, l'amiral Bruat et l'amiral ottoman ; puis ensuite les généraux des trois armées.

Je ne puis vous rendre l'impression profonde que j'ai ressentie mêlé comme tous à cette foule silencieuse qui marchait à pas lents : les regards étaient tristes, les visages inclinés, ces mâles visages que le canon de l'ennemi et le feu de la mitraille trouvent levés et souriants.

Lorsque le corps a été déposé dans la fosse que les soldats avaient creusée, lord Raglan, le général Canrobert et les généraux de l'artillerie et du génie vinrent, chacun à son tour, jeter quelques gouttes d'eau bénite sur le cercueil que la terre allait recouvrir.

Omer-Pacha et l'amiral de la flotte ottomane se joignirent à eux, et prenant aussi de leurs mains la petite branche humectée d'eau bénite, rendirent ce dernier hommage religieux au brave général.

Ensuite le général Niel a pris la parole. Il a retracé, par quelques paroles simples et senties, la noble carrière du soldat, l'homme du devoir et de l'abnégation personnelle; il a donné une dernière pensée à la famille en pleurs et a remercié le général Bizot au nom de la patrie.

Puis le général Pélissier, dont l'émotion profonde altérait la voix, est venu dire un adieu au vieux camarade avec lequel il avait si longtemps servi; ses paroles, prises au fond de son cœur, semblaient être des larmes qui tombaient sur cette tombe près de se fermer : « Adieu, Bizot, adieu, mon vieux camarade; le Dieu des armées te recueillera dans son sein, car toujours tu fus brave, honnête et dévoué. Adieu!... »

Le général Canrobert a pris ensuite la parole; — Il l'a fait avec l'élan de son cœur, qui est grand et haut placé; il n'a pas plaint le soldat, il l'a envié, et il s'est écrié tout à coup :

« C'est justement parce que Bizot était un noble caractère, donnant à tous, chaque jour, le modèle du courage, du devoir accompli sans relâche, du dévouement, de l'abnégation; c'est parce que Bizot avait toutes les vertus et toutes les mâles qualités que Dieu, dans sa justice infinie, lui a accordé le suprême honneur de tomber en soldat sur la brèche, en face de l'ennemi. »

A ces mots prononcés avec une énergie que je ne puis vous rendre, une émotion profonde s'est emparée du cœur de chacun;— soldats et chefs ont relevé la tête, s'associant ainsi, par l'élan de leur âme, à cette belle et énergique pensée.

Si les douleurs de la famille pouvaient être consolées, elles le seraient par ces mâles adieux, par ce bel éloge, par ce dernier hommage rendu, en face de tous, au digne général.

C'est encore parler du général Bizot que de vous dire ce qui s'est passé ces jours derniers au siège qu'il dirigeait avec tant d'habileté et de courage.

L'affaire de la nuit du 13 a eu les plus favorables résultats; elle a amené la destruction de plus de douze embuscades très-importantes, placées à 50 ou 60 mètres de notre parallèle la plus avancée, et derrière lesquelles de très-habiles tireurs entretenaient nuit et jour une perpétuelle fusillade; un grand nombre de tonneaux, de sacs à terre, d'outils trouvés sur les lieux, ont fait connaître la pensée des Russes qui allaient relier entre elles toutes ces embuscades et en faire un front bastionné. — Cette action énergique les a intimidés à tel point que le lendemain ils n'ont pour ainsi dire pas inquiété nos travaux de cheminement qui se sont faits sans encombre.

Le 15 a été une mauvaise journée : un boulet a enlevé le matin neuf hommes, sur lesquels cinq ont été tués, et dans le jour un obus a tué un capitaine, trois soldats et blessé trois autres.

Toute la journée il y a eu beaucoup de mouvement et d'agitation, car il se préparait une grosse affaire dont les résultats devaient avoir une très-grave portée dans les circonstances actuelles, c'est-à-dire l'explosion de notre mine qui s'est avancée jusqu'à soixante mètres du bastion du Mât.

Toutes les mesures sont prises pour que nos troupes, aussitôt l'explosion, puissent couronner les entonnoirs. — Cette mine contient 16 fourneaux et environ 25 000 kilogrammes de poudre.

Chacun s'attend à une effroyable détonation de ce volcan souterrain. — Comme c'est à la tombée de la nuit que l'explosion doit avoir lieu, aussitôt que le jour baisse, nous nous rendons avec les officiers aides-majors de tranchée sur un petit monticule en pierre, qui forme la voûte d'un puits, et qui est l'observatoire du Clocheton.

Déjà le soleil s'est englouti dans la mer, laissant encore l'horizon marbré de larges teintes rouges. La ville commence à s'envelopper de vapeurs. A peine si le regard distingue les maisons visibles tout à l'heure, et que le soleil en passant avait dorées de ses derniers rayons.

L'obscurité gagne ; — nous regardons le bastion du Mât dans la direction duquel la mine doit exploser. Déjà les éclairs de notre artillerie sillonnent comme des raies de feu le ciel assombri.

Il est près de huit heures.

La ville disparaît entièrement. — La canonnade diminue sensiblement.

Il se fait par instants des moments de silence.

A huit heures et quart nous voyons tout d'un coup, au milieu de l'obscurité, se détacher une immense masse noire. — On dirait un cavalier géant enveloppé d'un manteau, qui s'avance vers nous ; sa tête est surmontée d'un panache rouge sanglant. Ce fantastique cavalier semble avancer ; il grandit, s'élargit, se développe en formes insensées, sans qu'aucun bruit encore ne soit parvenu à nos oreilles ; puis nous entendons une détonation sourde comme un coup de tonnerre lointain, et le noir fantôme, devenu un nuage au milieu des nuages de la nuit, s'évapore et disparaît.

Nous avons peine à croire que 25 000 kilos de poudre n'aient pas jeté dans l'air une détonation plus retentissante. Mais il paraît que dans les tranchées, même les plus éloignées, on eût dit que la terre se soulevait, pendant que l'on entendait un grondement effroyable courir dans ses entrailles. — Des blocs de rochers d'une dimension énorme, de grosses pierres, des quartiers de terre dans plusieurs endroits, ont été lancés à une grande distance, et des entonnoirs de cinq mètres de profondeur se sont creusés dans le sol déchiré.

Les troupes avaient été éloignées; toutes ont ressenti une secousse qui arrivait à elles comme les ondulations de la mer.

Les Russes ont cru à une attaque générale, et aussitôt de tous côtés, des remparts et des ouvrages avancés, ils ont commencé la plus terrible fusillade que j'aie jamais entendue. —Les bombes, les obus, les paniers de grenades criblent l'air à la fois; c'est une pluie qui éclaire l'horizon. Cent détonations bondissent à la fois; au milieu de ce vacarme soudain, les feux de peloton font entendre leurs roulements cadencés et l'on voit apparaître à l'horizon de longues raies enflammées qui s'entrelacent, se confondent et semblent, dirigées par des conduits électriques, vouloir se réunir à un même centre. — Pendant plus d'une heure ce feu terrible continue, semblable aux orages soudains qui éclatent tout à coup au sein des montagnes.

J'écris ces lignes sous l'émotion de ce spectacle à la fois effrayant et grandiose.

Le cœur serré, le regard attentif, nous écoutons.

Autour de nous le silence; — là-bas le tumulte, la lutte, le combat;... puis tout à coup la fusillade cesse, les bombes ne tracent plus dans l'air leurs cercles de feu, les grenades ne s'élèvent plus en gerbes, la mitraille ne tonne plus.

Que signifie ce silence? — Avons-nous couronné les entonnoirs de notre mine? — Sommes-nous vainqueurs? — Sommes-nous repoussés?

Nulle expression ne pourra dire, de quel poids comprime le cœur cette impatience fébrile qui parle à la fois en nous mille voix différentes, qui nous jette mille croyances, mille craintes, mille joies, mille terreurs. Il faut l'avoir éprouvée pour la comprendre; elle ne ressemble en rien aux autres impatiences, aux autres fièvres du sang. — Les appréciations les plus diverses se contredisent.

Le général Lebœuf passe à cheval. — Il s'arrête à la porte du Clocheton. — Le général ne sait rien de positif. — Ce qu'il peut dire : c'est que la mine a parfaitement réussi. — Il s'éloigne au galop.

Nous apprenons bientôt que les troupes, aussitôt l'effet de l'explosion produit, sont accourues le plus vite qu'elles ont pu. — Deux compagnies d'élite du 39⁰ ont franchi les épaulements et se sont précipitées avec beaucoup d'élan, à travers les terre-pleins pour occuper les entonnoirs. — Ils sont au nombre de sept à huit. — C'est alors que les Russes ont lancé cet orage de projectiles et ont fait, du haut des bastions, cette effroyable fusillade; mais heureusement que, s'il y a eu beaucoup de bruit, il y a eu peu de mal. — Les balles et la mitraille passaient au-dessus de la tête de nos soldats et de nos travailleurs.

Des blessés arrivent; ceux qui portent les brancards disent que l'on travaille.

A 10 heures, le major de tranchée qui est sur les lieux envoie, pour le général commandant le siége, ce petit mot écrit au crayon :

« Les mines ont formé plusieurs fossés de cinq pieds de profondeur; nos soldats y sont logés. On travaille à relier la droite de la 3ᵉ parallèle de la tranchée avec le fossé de l'explosion; mais cela s'exécute difficilement, car le terrain est mauvais, rocheux et difficile. »

Cependant l'on a dû, au point du jour, abandonner des points qui n'avaient pu être reliés entre eux ; mais la nuit suivante le travail a été repris avec ardeur.

Croyez-moi, c'est une œuvre de géants qui ne peut être exécutée que par des cœurs de bronze. — Il faut avoir l'âme rudement trempée pour s'avancer ainsi, à 70 mètres, d'un ouvrage hérissé de batteries fumantes, et dont les gueules ouvertes vomissent incessamment le fer et le feu.

Figurez-vous de pauvres soldats se traînant à terre, sur un sol rocailleux, derrière un gabion, — faible et inutile abri ! — Ce gabion, ils le posent ; puis des sacs à terre se passent de mains en mains, et là, toujours accroupis, illuminés par les feux de l'ennemi et par des pots enflammés qui répandent soudainement des lueurs étranges, ils jettent un à un ces sacs remplis de terre dans les gabions, et cherchent ensuite à creuser le sol ingrat qui résiste sous les pioches qui le frappent. — Parfois un faible cri se fait entendre : c'est un corps qui tombe et deux bras qui cessent de travailler.

Oh ! la guerre de siége est une vilaine guerre !

Elle n'a pas la belle poésie d'une bataille qu'éclaire le soleil : on ne voit pas devant soi reluire les poitrines ennemies, on ne marche pas la tête levée, le bras haut, le cœur bondissant ; — c'est la guerre de la nuit, la guerre des surprises, la guerre des embuscades ; — on s'accroupit derrière des terres amoncelées, on se courbe pour passer le long des épaulements écrêtés par les projectiles ennemis, on regarde à travers d'étroits créneaux ; — c'est la guerre des brigands dans les maquis. — Et puis, après des mois de travaux incessants, après des jours et des nuits d'attente, lorsque le moment de se voir face à face va venir enfin !... une balle, une balle obscure, inconnue, tirée au hasard, sans but, arrive et vous frappe à la tête, comme elle a frappé ce digne et brave général Bizot. — Mais aussi que l'heure du triomphe est une heure grande et solennelle, et que l'on oublie vite les souffrances et les épreuves passées !

Depuis l'ouverture du feu nous avançons chaque jour, et l'ennemi sent notre étreinte qui l'enveloppe et le presse. — Notre artillerie lui fait beaucoup de mal, mais les pièces démontées sont aussitôt remplacées ; il possède un matériel immense ; ce que nous savons depuis longtemps.

Pour moi, j'ai la conviction que le jour où nous

voudrons tonner de toutes nos foudres, nous pourrons nous rendre maîtres successivement des ouvrages qui dominent la ville; car aujourd'hui, comme il y a deux mois, je vous le répète :

« — Il faudra prendre Sébastopol morceaux par morceaux, et à la suite de combats et d'assauts successifs. »

17 avril. — Le général Forey, qui a commandé le corps de siége pendant cinq mois, quitte la Crimée. — L'armée d'Orient perd un bon général et un brave soldat.

Quelque beau que soit le commandement supérieur qu'il va remplir, c'est avec grand regret qu'il se sépare de sa division si souvent appelée au combat.

Aujourd'hui il est venu au Clocheton dire adieu au major de tranchée et à ses officiers. — Sa visite inattendue a été vivement sentie.

« — Vous êtes plus heureux que moi, vous autres, a-t-il dit, vous restez. »

Et quand il a tendu la main avec affabilité aux officiers qu'il quittait, on sentait que son cœur était serré, et il y avait une véritable émotion sur ce mâle visage de soldat.

Le soir même, il s'embarquait pour Constantinople.

« Le nom du général Forey (a dit le général Canrobert dans son ordre du jour) restera glorieusement attaché aux efforts persévérants de l'armée d'Orient pendant cette mémorable campagne d'hiver. »

DIX-SEPTIÈME LETTRE.

Devant Sébastopol, 24, 25, 26 avril.

Nous voilà de nouveau retombés dans l'attente; les opérations ont repris leur monotonie, leur marche régulière; plus d'émotions imprévues, plus d'impressions fiévreuses. — Notre artillerie parle si peu, que son langage ressemble presque au silence; pendant des heures entières elle se tait, et c'est à peine si de loin en loin on entend le sifflement mat et sourd d'un boulet qui traverse l'espace.

Ce silence est grave, j'ai peur qu'il ne remonte le moral de nos ennemis. — Quant à moi, je n'y vois que les résultats ou les conséquences impérieuses du siége irrégulier que nous avons entrepris.

Depuis le premier jour, je vous ai dit : « l'opinion publique se trompe grandement en traitant si légèrement Sébastopol; ce n'est pas un siége, ce sont vingt siéges qu'il faudra faire, en enlevant tour à tour cette série de collines fortifiées qui entourent, protégent et défendent la ville.

Les Russes ont employé les jours et les nuits à se fortifier, convaincus qu'ils ne peuvent nous résister, si une fois nous les approchons. — Terrifiés devant le choc irrésistible de nos baïonnettes, instruits par les champs de bataille de l'Alma et d'Inkermann, que si l'on en vient à combattre pied à pied, quelque nombreuses que soient leurs cohortes, nos soldats y feront vite de sanglantes trouées. Ils ont tourné tous leurs efforts, toutes leurs pensées vers la défense; ils ont élevé de triples murs d'airain; ils ont multiplié les fossés, les trous de loups, les abatis, les obstacles de toute espèce. — Et pourtant nous approchons, nous approchons sans cesse; nous avons de vastes entonnoirs à 70 mètres du bastion du Mât; nous construisons de nouvelles batteries dans l'intérieur de nos travaux les plus avancés; nous cheminons sous le feu incessant de leur mitraille.

C'est un des plus beaux, des plus dramatiques spectacles que vous puissiez imaginer.

Voyez, la nuit vient, aussitôt nos travailleurs s'avancent un à un sur le tracé du génie; ils se courbent, ils rampent, ils travaillent avec les pioches ou avec les mains; si quelques bras cessent de travailler dans l'ombre, c'est qu'une balle l'a frappé, c'est que la mitraille, en passant, l'a broyé; car le bastion du Mât vomit d'instants en instants sa pluie de feu sur ces audacieux soldats.

En avant, à 40 pas environ, voyez-vous encore des lignes noires; ce sont des compagnies couchées ventre à terre, qui guettent l'ennemi, immobiles, attentives, le fusil prêt à faire feu, la main prête à frapper, protégeant le travail. — Si l'ennemi, que cache les ondulations du terrain, apparaît, alors cette ligne noire devient un mur vivant qui se lève tout à coup. La fusillade s'engage; les travailleurs se replient dans la parallèle pendant que les bataillons de soutien accourent; et l'ennemi, qui n'ose affronter un choc corps à corps, inutile et meurtrier, se retire dans le fond du ravin où l'on entend le tumulte et les cris des bataillons de réserve qui les excitent au combat.

Quand ils ont disparu, le mur s'affaisse, semblable à ces ombres passagères de la nuit que projette le vol d'un nuage aux pâles clartés de la lune, et le travail recommence, pendant que la mitraille à laquelle l'ennemi a donné le signal par un long son de trompe, lance ses bordées de projectiles.

Ainsi de toutes les heures de ces nuits, qui, pour vous là-bas sont si calmes, si paisibles.

Mais ne plaignez pas ceux qui combattent, car les émotions de la guerre sont nobles et puissantes; chaque jour elles ont leur aspect nouveau, leur poésie nouvelle, elles développent les instincts généreux, les caractères élevés; elles parlent un langage que nul autre ne peut tenir au cœur humain.

Le dédain de la mort, le dévouement à la chose commune grandissent l'homme presque à son insu; la fragile unité disparaît devant la puissance des masses, les rangs se serrent, les mains se tendent, et chaque soldat devient un héros.

Dans la nuit du 22 au 23, les Russes avaient élevé quatre nouvelles embuscades. — On résolut de les enlever la nuit suivante.

Elles le furent avec cet élan, cet entrain de nos soldats qui se lancent au pas de course; à vingt pas du but une fusillade les accueille, quelques-uns tombent, les autres sont arrivés. — Les Russes lâchent pied; c'est une tactique, vous le savez, dont ils ne se départissent jamais; mais sur le nombre, plusieurs sont enveloppés et tués dans l'intérieur même des embuscades que les travailleurs se mettent en mesure de détruire et de combler. Les pierres et les terres bouleversées enterrent pêle-mêle ces cadavres chauds encore ; ils disparaissent sous les ruines amoncelées.

Alors, des parapets, du fond des ravins, partirent des hurrahs et des fanfares ; les tambours battaient la charge ; ce devint un tumulte impossible à décrire et trois colonnes gravirent les escarpements.

Nos bataillons les attendirent, et une fusillade des plus violentes s'engagea pendant près d'une heure, les Russes, selon leur habitude, se tenant à 60 ou 70 mètres.

Du Clocheton où j'étais, je ne puis dire les tristes impressions que nous ressentions, en écoutant, penchés sur notre gabionnade ce bruit du combat et ces cris tumultueux que l'écho nous apportait.

Parfois l'horizon s'éclairait ; puis tout redevenait sombre, les cris se taisaient, la fusillade seule parlait ; — ce n'étaient plus des coups de fusils isolés, mais des feux de pelotons qui se succédaient, comme ces éclats répétés et retentissants du tonnerre.

Avec quelle impatience nous attendions des nouvelles !... pas un seul planton n'arrivait.

Enfin nous vîmes un groupe s'approcher ; en un instant nous étions tous auprès de lui.

C'était un brancard que l'on portait. — Avant

que nous eussions dit un mot, une tête se souleva ; elle était marbrée de sang.

« Tout va bien ; tout va bien », nous dit une voix ; puis la tête retomba et le brancard continua sa marche.

Tout allait bien en effet ; les embuscades étaient rasées.

Mais le lendemain à la pointe du jour, protégés par leur artillerie, les Russes en avaient élevé six autres.

Depuis la nouvelle ouverture du feu, je tiens un journal de toutes mes impressions ; jour par jour j'y relate les événements, les épisodes, avec les attachantes péripéties de leur actualité. Peut-être ce journal écrit par un homme lancé tout à coup au milieu d'une vie qui n'est pas la sienne, et mêlé à tous ces drames de guerre, sera-t-il curieux ? Il complétera ces lettres, pour lesquelles je vous demande pardon, car elles sont écrites à la hâte comme elles doivent l'être pour rester vraies ; ici la réflexion tuerait la réalité, et je me trouverais peut-être, à mon insu, entraîné à substituer ma personnalité au récit confus sans doute, mais exact, des faits dont je suis chaque jour le témoin.

Depuis que nos travaux se rapprochent des ouvrages de l'ennemi, et que nous occupons le cimetière, dont une des extrémités était le lieu désigné pour les parlementaires, toutes communications de ce genre ont été supprimées ; car elles pouvaient avoir de graves inconvénients, et, en permettant à l'ennemi de jeter un regard investigateur sur nos nouveaux cheminements, lui faire connaître la force numérique de nos gardes de tranchées sur tel ou tel point.

Par conventions réciproques, en date du 24 de ce mois, il a été entendu que les échanges de parlementaires se feraient désormais par voie de mer.

« Les seules relations (dit cette convention) qui pourront s'établir à l'avenir entre l'assiégé et nous, seront celles que nécessitera l'inhumation des morts, lorsqu'il s'en trouvera en avant des lignes. »

Voici le petit incident qui a donné lieu à cette décision.

A la suite d'une attaque, en date du 17 avril, un parlementaire russe vint demander, au nom du gouverneur Osten-Sacken, une suspension d'armes pour enterrer les morts des deux nations qui étaient en avant des lignes.

Le général en chef ne crut pas devoir obtempérer à cette demande ; car cela devait se passer en avant du bastion du Mât, dont nous ne sommes plus éloignés que de 70 mètres, et il était très-important que les Russes ne pussent pas apprécier où en étaient nos travaux sur ce point. — Certes, c'était triste de ne pouvoir donner la sépulture aux braves qui avaient succombé, mais l'intérêt de tous le commandait et le nombre des morts était très-minime.

Par un malentendu, cette suspension d'armes refusée fut accordée par le colonel de service sur ce point.

Grande fut, vous pensez bien, la colère du général en chef, grande l'irritation du général Pélissier. Le colonel devait être sévèrement puni. Mais parmi les morts on recueillit un blessé. — Toute la colère du général Pélissier est tombée à cette nouvelle, et il écrivit au général en chef :

« Je n'ai pas le courage de punir une faute qui a sauvé la vie d'un homme. »

Hier, 27, a eu lieu la revue du 2ᵉ corps; elle a été magnifique : nos soldats étaient dans une tenue irréprochable; les zouaves, avec cette allure qui leur est propre, ce pas rapide, ce costume étrange, ces visages rudes et basanés; la garde impériale, cette nouvelle venue, qui a déjà payé dans nos tranchées son tribut de dévouement et de sang, toutes nos troupes, fières, hautaines, résolues, rien, je vous assure, ne manquait pour donner à cette revue un aspect à la fois pittoresque, poétique et solennel.

La solennité, c'était la guerre; — c'étaient ces hommes défilant devant leur général en chef comme en un jour de parade, et qui deux heures après allaient s'embusquer à 100 mètres de l'ennemi sous le feu de sa mitraille, sous la grêle de ses balles.

Le côté pittoresque et poétique, c'était lord Raglan, à la gauche du général Canrobert, et, à sa droite, lord Radcliffe, l'ambassadeur de S. M. britannique à Constantinople, puis lady Radcliffe à cheval; et, dans une calèche attelée de deux chevaux, miss Radcliffe et la femme d'un colonel de hussards anglais, jeune femme au teint pâle, aux yeux noirs, qui souriait doucement au milieu de cet appareil de guerre, et qui, nonchalamment étendue, semblait ne pas entendre le canon qui tonnait si près d'elle. — Le visage d'une femme est comme un rayon de soleil.

Au milieu de l'état-major on voyait aussi plusieurs amazones anglaises, et sur l'encolure de leurs chevaux s'appuyaient de jeunes officiers, qui causaient joyeusement.

Mettez à côté de cela la figure pâle, maigre et

triste de lord Radcliffe, qui relève à peine d'une dangereuse maladie, son attitude immobile et pensive en contraste avec l'allure militaire de ces masses qui s'agitent; et tout près de lui la physionomie ouverte, martiale du général Canrobert, qui, son chapeau de commandement à la main, salue les drapeaux de la France, et vous aurez l'ensemble de ce tableau dont les nuances variaient à l'infini.

Sans doute ceux qui liront ces lettres, si jamais elles sont publiées, ne comprendront peut-être pas ce qui m'a frappé dans cette journée. Mais ici, tout ce qui n'est pas la guerre elle-même frappe et émeut; c'est comme un écho de la vie que l'on a quittée. — Et puis, faut-il le dire? — Si loin de ses affections, de son foyer, de son pays, parfois la pensée devient tout à coup triste, et elle se rattache facilement aux moindres branches qui s'inclinent vers elle.

Le général Canrobert, en passant devant le front des troupes au pas de son cheval, parlait presque tout le temps aux soldats. — Il s'est arrêté devant un qui avait la médaille et la croix d'honneur, et il lui a tendu la main en se retournant vers les généraux qui l'accompagnaient, pour désigner à leur attention ce soldat doublement récompensé.

Puis après, il a réuni les officiers de chaque division.

« — Remerciez, leur a-t-il dit, vos braves soldats au nom de la France, au nom de l'Empereur. Dites-leur que lorsque la France et l'Angleterre réunies mordent quelque part, elles enlèvent le morceau. — Dites-leur aussi que dans douze ou quinze jours 35 à 40000 de leurs compagnons, de leurs frères d'armes, viendront prendre part à leurs travaux, à leur gloire, à leur fatigue ; alors nous irons frapper à la porte ou à la fenêtre de Sébastopol, et il faudra bien que l'une ou l'autre s'ouvre. »

En assistant à cette revue, je me rappelais le récit de ces grandes revues que passait l'Empereur Napoléon sur le champ de bataille, et que, dans mon enfance, mon père, vieux général, me racontait toujours avec émotion. — Le canon grondait encore à l'horizon comme je l'entendais ici ; les soldats passaient en criant : « Vive l'Empereur ! » comme je les entends aujourd'hui, et il y avait tout autour de cette vaillante multitude un souffle de guerre, que je sens frémir et s'agiter auprès de moi.

DIX-HUITIÈME LETTRE.

Devant Sébastopol, 30 avril.

De graves événements se sont passés depuis ma dernière lettre, car nous sommes arrivés à une période du siége qui ne peut manquer d'être dramatique et surtout définitive.

Le moment de la solution approche; chaque jour porte en soi sa menace et son combat. — Hier nous établissions des entonnoirs près du bastion du Mât, ou bien nous occupions le cimetière par un cheminement audacieux : — aujourd'hui, c'est le bastion central que nous prenons à parti en nous emparant d'un ouvrage important que les Russes avaient élevé à 100 mètres de nos parallèles.

Cet ouvrage formé du reliement de plusieurs embuscades était devenu un réduit fermé de tous côtés, communiquant avec un des saillants du bastion central; des petits mortiers y avaient été apportés, des travaux considérables s'y exécutaient pour préparer l'emplacement de batteries, dont le tir ne pouvait manquer de nous devenir très-meurtrier. — Mais placés sous les feux croisés des deux bastions, pourrions-nous nous y maintenir, en admettant que nos vaillantes troupes enlevassent cette position sous une pluie de mitraille ?

La situation était grave, difficile, périlleuse dans le présent, terrible peut-être dans l'avenir. Aussi les avis étaient partagés ; on voulait, et on ne voulait pas.

Des conférences se tenaient depuis deux jours chez le général Pélissier, commandant le premier corps, et le général en chef répondait : « non, » et voulait faire enlever cet ouvrage seulement quand l'arrivée des renforts permettrait de tenter une action décisive.

Personne n'a porté à un plus haut degré que le général Canrobert la crainte de verser le sang du soldat. Comme il le répète souvent, l'armée c'est sa famille, les soldats sont ses enfants.

« — Ils vous aiment, lui disait l'autre jour un général, parce qu'ils savent que vous les aimez.

« — Oui, répondit le général en chef d'une voix pensive, je les aime beaucoup, je les aime.... trop, peut-être. »

Les Russes ont une qualité incontestable, c'est une activité audacieuse et infatigable; — en une nuit ils ont bouleversé un terrain et élevé une redoute. On les voyait travailler sans relâche et la nuit et le jour.

Il fallait agir. — On a agi.

1er mai. — A une heure, le général Pélissier recevait du général en chef l'autorisation de faire enlever ces positions.

Et aussitôt toutes les dispositions se prenaient pour que cette audacieuse entreprise eût lieu le soir même.

Les documents officiels vous diront les faits principaux de cette attaque confiée à l'énergique valeur des soldats, à l'infatigable courage des travailleurs, à ces baïonnettes qui traversent les feux croisés de la mitraille pour arriver au pas de course sur les poitrines de l'ennemi; mais ce que ne vous diront pas ces documents, ce sont les épisodes de ce glorieux drame.

Je vais essayer d'en retracer quelques-uns.

La direction de l'opération avait été confiée au général de Salles qui avait sous ses ordres les généraux Bazaine et Lamotte-Rouge.

Dans la journée, ces trois généraux, le général en chef et le général Rivet, ainsi que le général Dalesme et le général Lebœuf avaient visité les tranchées.

A cinq heures, les troupes commandées et les travailleurs arrivèrent au Clocheton, et se massèrent sur divers emplacements.

Il y avait ce mouvement, cette agitation, ce bruit de voix, ces allées et venues, ce souffle pour ainsi dire de guerre qui indiquent et précèdent les événements importants; les ordres arrivaient d'heure en heure, les officiers de service donnaient à chacun ses instructions, désignaient les emplacements. Peu à peu, les troupes partirent une à une, et quand la nuit vint, tout ce monde, tout ce bruit, tout ce tumulte avaient disparu, la maison du Clocheton était redevenue calme, silencieuse, et les premières clartés de la lune éclairèrent le groupe des officiers généraux entourés de leurs états-majors.

Au milieu de ce groupe était le général de Salles.

« — Je crois, messieurs, dit-il, qu'il est temps. »

Et il se dirigea vers les tranchées.

Moi je serrai la main à mes amis de quatre mois qui étaient déjà pour moi de vieux amis, d'excellents camarades, je leur souhaitai bonne chance, et plus ému certainement qu'ils ne l'étaient, j'attendis.

Il est dix heures et demie. — La fusillade retentit comme un long déchirement ; les coups de canon, les bombes, les obus, se croisent, sifflent, bondissent. — La lune calme et belle jette une clarté si grande que je puis écrire mes notes sur l'éminence où je suis assis, le cœur serré par l'émotion, les mains tremblantes.

Jamais il ne sera donné à un homme d'assister à un plus magnifique, plus terrible, plus éblouissant spectacle.

De tous côtés ce sont des éclairs rapides comme la pensée, des étincelles qui se multiplient à l'infini, des traînées de feu qui s'élèvent, s'enlacent et semblent eux-mêmes menaçants et furieux, vouloir se battre et s'étreindre. — Tout est combat sur la terre et dans l'air. — On dirait parfois un immense incendie ; il s'éteint, il renaît ; il semble entr'ouvrir la terre pour s'y plonger, déchirer la voûte du ciel pour s'y perdre. Au milieu de cette tempête de canons et de fusillades, on entend parfois s'élever des clameurs qui disent, qu'il y a des êtres vivants là-bas, au milieu de cet orage de feu.

Près de trois quarts d'heure se passent.

Il y a au Clocheton un officier d'ordonnance du général en chef qui attend : le général est à son observatoire, écoutant l'écho de cette mêlée furieuse.

La fusillade et la canonnade continuaient.

Il est onze heures trois quarts; le général Rivet, chef d'état-major du premier corps, arrive, il apporte les premières nouvelles.

L'ouvrage russe a été enlevé par nos troupes avec un élan irrésistible, après une lutte corps à corps et à la baïonnette. — Le général ramène deux prisonniers.

— « Tout va bien, dit-il, nous sommes établis dans les positions qu'occupait l'ennemi il y a une heure; le génie commence ses travaux, assurez au général en chef que nous ne lâcherons pas pied. »

Et il s'éloigne au galop de son cheval.

Ces lignes, que j'emprunte au journal que je tiens jour par jour, ont été écrites sous l'émotion de cette heure de combat, qui a vu de part et d'autre tant de sang versé.

La fusillade redouble, les coups de mitraille criblent l'air, puis cessent tout à coup : il doit y avoir de la part des Russes un retour offensif. — Rien n'est cruel comme cette incertitude, comme ces minutes plus lentes que des heures, pendant lesquelles la pensée impatiente et fiévreuse veut donner une voix humaine à ce bruit immense qui remplit les échos.

Cloué à la même place, devant ce spectacle de destruction, je suis de toute la puissance de mon intelligence les phases du drame qui se joue là-bas.

Que s'était-il passé ? — Que se passait-il ? Le voici :

L'attaque s'était portée sur trois points.

La légion étrangère sur la gauche, — le 46e au centre, — le 98e à droite.

Le général Bazaine commandait la légion étrangère.

Le général Lamotte-Rouge le 46e et le 98e.

Les troupes agissantes sont rangées dans les tranchées. — Les compagnies qui doivent s'élancer les premières sont montées sur les gradins de fusillade, les baïonnettes basses, appuyées sur le parapet, immobiles, silencieuses, attendant le signal. — Celles qui doivent les suivre sont rangées en arrière.

Le général de Salles a présidé à leur placement, et va s'établir au point le plus rapproché, dans la batterie 40.

Le signal est donné.

Aussitôt, des trois points différents, les soldats escaladent les parapets, les officiers en tête; ils marchent sur l'ouvrage ennemi au pas de course; mais sans tirer un coup de fusil. — A peine ont-ils fait quarante pas qu'ils sont assaillis par un feu de mousqueterie sur toute la ligne; les officiers y répondent par le cri : « A la baïonnette! » qui passe de bouche en bouche, de rang en rang.

En un instant toutes les compagnies sont arrivées sur la gorge même de l'ouvrage et se précipitent dans l'intérieur.

Les Russes résistent un instant. Leurs officiers les animent au combat, se jetant les premiers au-devant de nos soldats et combattant avec une admirable bravoure. — Inutile courage! nos ennemis lâchent pied; attaqués à la fois de tous côtés, ils essayent de se reformer en carrés sur la gauche, dans une espèce de place d'armes; mais la légion étrangère est là qui se jette au milieu d'eux, les écrase et les égorge.

Les Russes terrifiés fuient en désordre vers le bastion central.

Nous nous élançons à leur poursuite, jusque dans le fossé de la lunette qui couronne le bastion ; — animés d'un courage insensé, les soldats se cramponnent aux escarpements et veulent les escalader, oubliant qu'ils sont à peine quelques-uns ; mais de tous côtés des fougasses éclatent dans le fossé et les renversent en bouleversant les terres ; ils reviennent où ils eussent dû s'arrêter, laissant des cadavres qui disent à l'ennemi que le pied français a laissé sa trace sur les parapets d'un de leurs bastions.

Il serait trop long de vous raconter les dramatiques épisodes qui ont signalé ce combat. — Un surtout a été étrange et superbe à la fois. J'en tiens le récit du général Bazaine.

Des officiers de la légion étrangère se sont tout à coup, dans la tranchée en arrière de l'ouvrage, trouvés en face d'officiers russes au nombre de quatre ou cinq. — Ceux-ci ne voulaient pas abandonner le terrain et restaient là, appelant des soldats qui ne les écoutaient plus. — La clarté de la nuit était splendide. — Les officiers des deux armées se reconnaissent, se devinent, et alors dans ce boyau étroit s'engagent de véritables duels, chaque officier contre un officier ; mais quelques secondes s'étaient à peine écoulées qu'une mêlée furieuse débordait de tous côtés ; les soldats ivres de combat escaladaient les épaulements, et bientôt ce ne furent que des cadavres couchés à terre. — Un seul des officiers put être sauvé et porté blessé à l'ambulance.

Sur tous les points l'ennemi avait disparu, mais son artillerie vomissait sur nous une pluie de mitraille et de boulets.

Nos compagnies établies sur cinq rangs, couchées, la baïonnette en avant, attentives au moindre mouvement, gardent notre nouvelle conquête et protégent le travail du génie qui s'occupe avec ardeur à couvrir la position en plaçant des gabions sur le tracé arrêté à l'avance.

Trois fois l'ennemi a tenté des retours offensifs et trois fois ses essais impuissants ont été repoussés.

Épouvantés de cette attaque audacieuse, imprévue, ils se contentent à quarante ou cinquante pas de nous cribler de balles; mais immobiles sous ce feu, selon les ordres qu'elles ont reçus, les compagnies ne bougent pas; les bataillons de soutien seuls placés à l'extrême limite de nos tranchées se portent en avant à la hauteur de l'ouvrage que nous occupons et attendant de pied ferme, répondent à ce feu par une vive fusillade. — C'est sans nul doute ce que les Russes espéraient; aussi de tous les côtés la mitraille fait son jeu, mais le tir des pièces ne peut être réglé. Leur point de mire est la ligne de l'horizon, car le jour n'a pas encore paru et les projectiles sifflent au-dessus des têtes sans atteindre beaucoup de monde.

C'est là, comme partout, que se montrent encore notre héroïque valeur, notre inébranlable volonté.

Les uns acceptent la mort sans jeter un cri, sans se défendre, car leur chef leur a dit : « Ne bougez pas, ne tirez pas, attendez. » — Les autres ayant abandonné le fusil pour la pioche et la pelle, travaillent actifs, résolus, sans seulement regarder le frère d'armes qui tombe à leurs côtés. — Lutte plus admirable encore que celle dont je viens de vous retracer les saisissantes péripéties.

Au point du jour la gabionnade relie l'ouvrage à notre parallèle : — ce n'est encore qu'un travail imparfait, mais derrière lequel les soldats peuvent opérer leur retour en se courbant à terre, derrière lequel aussi le génie peut continuer l'amélioration de son cheminement; mais d'instants en instants des boulets viennent briser les gabions, renverser les terres, enlever les travailleurs. — C'est un duel pied à pied de l'homme avec le canon.

Trois compagnies d'élite occupent seules pendant le jour la nouvelle position.

Tel est le récit de cette nuit du 1ᵉʳ au 2 mai.

C'est un beau succès, moral et matériel et qui nous avance aussi audacieusement sur le bastion central, que nous l'étions déjà devant le bastion du Mât, mais il nous a coûté d'intrépides chefs, de vaillants soldats.

En tête de tous, le brave colonel Viennot de la légion étrangère, qui voulut se jeter en avant au plus fort du danger, malgré les prières du général Bazaine.

C'est un des premiers brancards qui arrivent au Clocheton, à ce centre perpétuel de la vie et de la mort. — Une balle lui a traversé la tête, sans jeter une goutte de sang sur cette belle et martiale figure qu'entoure un réseau de barbe blanche. Ses deux bras sont croisés sur sa poitrine : la mate pâleur de ses traits dit seule que c'est la mort et non le sommeil. A peu de distance on apporte le colonel Julien, le capitaine Dubosquet du 46ᵉ, tous deux frappés à mort. — La légion étrangère seule, sur dix-huit officiers, en a eu quatorze hors de combat. Mais le jour montre le sol jonché de cadavres russes sur le terre-plein et le long des fossés de leur propre ouvrage. Neuf petits mortiers sont en notre pouvoir avec un grand nombre de fusils et d'outils de toute espèce.

Pendant la matinée qui a suivi, le feu s'est un peu ralenti. — Le bronze, comme les hommes, se fatigue à la fin.

Mais tout à coup, vers trois heures et demie, la canonnade recommence terrible et furieuse.

Je revenais de voir le général Feray. — Plus de doute, la bataille recommence cette fois en plein jour.

J'étais arrivé à la hauteur de l'observatoire du quartier général, et je fus encore témoin d'un de ces spectacles immenses et splendides...

C'était le même tableau que la nuit précédente, mais avec le soleil, le ciel bleu, et ce mouvement agité de la vie, que la clarté du jour porte en soi. — C'était le combat avec les horizons éclairés, la ville se dessinant dans le fond, la mer bleue, les montagnes se tordant en ravins, les travaux des ennemis, les batteries armées, nos lignes de tranchées animées et flottantes, le long mur de la Quarantaine déchiré par notre artillerie ; tout cela, légèrement voilé par un brouillard qui monte graduellement de la terre au ciel, au lieu de descendre du ciel sur la terre.

On ne voit pas les jets de feu, les éclairs

enflammés ; mais on devine à ce chaos terrible de bruit que le combat fait fureur. — Puis ce brouillard de poudre devient un nuage blanc, mat, épais qui enveloppe l'horizon tout entier, cachant la terre, cachant la mer, ne laissant de lumineux et d'éclairé que le ciel vers lequel montait ce grand holocauste humain.

Autour de moi accouraient des officiers à cheval et des officiers à pied qui se massaient par groupes sur le mamelon et écoutaient silencieux.

Je lançai mon cheval à son galop le plus rapide et je courus au Clocheton.

De tous côtés sur les flancs des ravins, je voyais accourir les compagnies au pas gymnastique. — Un clairon, monté sur le sommet le plus élevé d'un retranchement, sonnait *le rappel ;* le major de tranchée donnait ses ordres et distribuait les renforts qui un à un disparaissaient dans les tranchées courant au combat.

Là, on ne regardait pas, on n'écoutait pas, on agissait.

Les Russes venaient de tenter une sortie contre la position que nous leur avions enlevée la nuit précédente.

Depuis le 5 novembre, c'était la première fois que l'ennemi nous attaquait le jour, ce qui prouvait l'importance immense qu'il attachait à cet ouvrage.

Ils avaient débouché par une issue à gauche de la lunette du bastion central, courbés à terre, marchant en une seule colonne. — Protégés par les ondulations du terrain, ils purent, sans être aperçus, arriver presque contre les parapets derrière lesquels nos compagnies étaient couchées. Ce retranchement est tellement près du saillant du bastion, que chaque mouvement se voit et que toute sentinelle qui passait la tête au-dessus du faible épaulement était frappée d'une balle.

La première qui les aperçut poussa le cri d'alerte: mais les Russes étaient déjà dressés contre le parapet, n'osant pas s'élancer de notre côté, mais assaillant à la fois nos soldats de coups de fusil, de coups de pierres, de coups de crosse. Ceux-ci supportent le choc inattendu sans faiblir; ceux qui n'ont pas eu le temps de prendre leurs armes rendent coup pour coup, pierre pour pierre, frappant l'ennemi avec les pioches et les pelles qui étaient sous leurs mains, combattant à la fois comme des soldats et des travailleurs.

Mais déjà deux compagnies de voltigeurs de la

garde et une compagnie du 5ᵉ bataillon de chasseurs à pied se sont élancées en avant au pas de course, à travers la canonnade.

La lutte fut terrible, mais courte; — les voltigeurs de la garde avaient cet enthousiasme téméraire et superbe d'un premier combat.

Les Russes ne tardèrent pas à lâcher pied, et rentrèrent pêle-mêle dans leur bastion, où les poursuivirent la grêle de nos balles et les boulets de nos canons.

J'aurais encore bien des détails intéressants à ajouter, bien d'héroïques traits de bravoure à citer. Je les consigne pour compléter plus tard ce travail, que j'écris à la hâte à l'heure même où se passent les événements.

Le chiffre de nos pertes, tués ou blessés dans ces deux engagements, est de 650 environ.

La soirée et la nuit ont été tranquilles; — c'est-à-dire que la canonnade habituelle a continué son jeu.

L'ennemi a tiré avec acharnement contre le nouvel ouvrage dont nous nous sommes emparés, et contre les tranchées en zig-zag que le génie s'occupe à approfondir. Des boulets et des obus brisent parfois nos gabions, bouleversent les terres, abat les travailleurs; — car on peut le dire avec orgueil, chaque pas se trace avec du sang, et c'est en suivant le sillon de ce sang glorieux que l'on reconnaîtra la route qui nous a conduits à Sébastopol.

DIX-NEUVIÈME LETTRE.

Un courrier extraordinaire va partir; — je n'ai pas le temps de consulter mes notes et de vous écrire; mais, pour ne pas vous laisser complétement sans nouvelles des jours qui ont suivi l'affaire du 2 mai, quoiqu'il ne se soit rien passé d'important, je déchire quelques pages de mon journal, que je vous envoie sous ce pli.

Ce sont de simples notes, écrites heure par heure, et qui ne sont bonnes qu'à être lues en courant.

3 mai. — Ce matin je vais au quartier général. — Le général de Salles y déjeune. — Je suis placé à côté du général Niel; on ne parle, vous compre-

nez, que du grand événement, car c'est un grand événement moral et matériel qui remonte et anime l'esprit de nos soldats, qui frappe celui de nos ennemis.

Pauvres entonnoirs, vous voilà presque oubliés! C'était vous, hier, qui occupiez l'attention de tous; c'est autre chose aujourd'hui : ainsi va la guerre, ainsi va le monde.

« — Nous vous devons un beau succès, a dit pendant le déjeuner le général Canrobert au général de Salles.

« — Vous le devez à vos soldats, » a répondu le général de Salles, qui, dans ce combat audacieux, avait montré l'énergique sang-froid qui le caractérise.

Pendant tout le déjeuner je cause avec le général Niel. J'ai trop à apprendre sur toutes ces actions de guerre, pour ne pas rechercher avec avidité l'occasion de m'instruire. — J'écoute tout ce que l'on dit. — J'écris tout ce que j'écoute.

« — C'est une magnifique affaire, me dit-il, et je ne crois pas que depuis l'invention de l'artillerie, il y ait eu, sur un seul et même point, un feu semblable, aussi terrible, aussi foudroyant. »

A ce propos, voici un petit fait. — Lord Radcliffe est ici; le soir du combat il avait accompagné le général en chef au grand observatoire. — Je vous ai parlé, je crois, de sa figure impassible, soucieuse peut-être plutôt que pensive, ne reflétant rien, au dehors, de la vie de l'intelligence et du cœur, véritable figure de diplomate, enfin. — Lorsqu'il entendit ces effroyables détonations de l'artillerie et le long déchirement des feux de mousqueterie; lorsqu'il vit ces éclairs sinistres, ces longs réseaux de feu, cet incendie de l'horizon éteint et rallumé cent fois, il fut saisi de terreur devant ce cruel spectacle.

« — Mon Dieu! dit-il, il n'en réchappera pas un seul.

« — Assez, milord, répondit le général, pour s'emparer de la position des Russes et s'y maintenir. »

Après le déjeuner le général en chef vint à moi.

« — Eh bien, me dit-il, vous vouliez des émotions?

« — J'en ai, général; elles ont été à la fois tristes et nobles.

« — J'espère que vous écrirez de belles pages sur mes soldats. — Oh! les braves soldats! »

Je lui parlai de mes projets de départ.

« — Attendez, me dit-il, bientôt vous verrez de grandes choses. »

Nous causâmes quelque temps sur les événements qui se passaient et sur ceux qui devaient se passer.

A midi on vint annoncer, par le télégraphe, que les Russes avaient hissé le pavillon blanc.

En effet, les Russes demandaient une suspension d'armes pour enterrer les morts.

Le colonel Raoult se trouvait dans la tranchée avec deux de ses officiers; il fit aussitôt arborer le drapeau blanc de son côté et sonner : *Cessez le feu;* puis il s'avança en dehors de nos lignes. Il fut rejoint à moitié route, successivement, par trois généraux qui ont été ce que sont toujours les officiers russes, d'une parfaite courtoisie.

Quand le colonel s'est nommé :

« — Ah! a répondu un d'eux, le major de tranchée n'est ce pas? » — La conversation s'est engagée sur des sujets divers, surtout sur l'uniforme, l'objet éternel des conversations des parlementaires; — c'est si difficile de parler, sans rien dire.

En se séparant :

« — Au revoir, ont-ils dit, messieurs, et dans des temps meilleurs. »

La suspension d'armes a duré une demi-heure environ.

On a retrouvé deux cadavres français dans le

fossé même de la lunette. — Cette triste récolte s'est montée au nombre de 121 corps.

Quelques minutes après, la fusillade recommençait et les boulets traversaient en sifflant ce terrain, où tout à l'heure encore se promenaient côte à côte les uniformes français et russes.

Le soir les cadavres retrouvés étaient enterrés dans un ravin derrière les magasins à poudre du centre, et pendant que l'on rangeait un à un nos pauvres soldats dans leur dernière demeure, des projectiles venaient éclater tout à l'entour et les boulets mêlaient leur sifflement aux prières que l'abbé de l'ambulance, qui s'était rendu sur les lieux, récitait sur la tombe des morts.

Le soir, on fait prévenir le major de tranchée que l'on a signalé de l'observatoire du quartier général un mouvement de troupes dans la ville et que peut-être l'ennemi tentera une sortie sur la position que nous lui avons enlevée. — On se met sur ses gardes, on prévient les bataillons de soutien, on veille, on écoute, on attend.

La nuit s'écoule, le génie travaille à son cheminement, la place lance d'énormes boulets qui font de larges brèches. — Nous avançons lentement, mais nous avançons.

4 mai. — Le temps continue à être superbe, aussi l'herbe pousse dans les petits jardins. Le grand luxe des tentes consiste en un réseau de terre circulaire plantée d'orge et entremêlée de quelques arbrisseaux et de plantes sauvages qui ne vivent, hélas! que médiocrement; ajoutez à cela des poules qui pondent, des coqs qui chantent, des pigeons qui couvent, des dindons, des oies, des moutons qui broutent quand ils ne bêlent pas, ou qui bêlent quand ils ne broutent pas; des soldats qui se reposent et dorment au soleil étendus comme des lézards, pendant que ceux-là raccommodent leurs vêtements ou préparent la soupe du jour, et vous aurez l'aspect de toutes ces tentes symétriquement rangées, et ornées selon le goût de leurs habitants.

La journée n'offre qu'un incident : il eût pu être très-grave. — Pendant que le général de service Beuret traversait le cheminement qui conduit à l'ouvrage russe maintenant à nous, un boulet venu du bastion renverse un des gabions, ce gabion rempli de terre entraîne le général dans sa chute, et le couvre de terre et de débris; les pierres que le boulet avait rencontrées sont projetées à distance et blessent plusieurs soldats. Un instant on put croire que le général avait été grièvement atteint; — heureusement il en était quitte pour de légères contusions et l'oreille déchirée.

A cinq heures, le général en chef vint visiter la tranchée et le nouvel ouvrage. — La veille, il avait manifesté l'intention d'y venir, mais le général Niel lui avait dit :

« — Ce n'est pas la place d'un général en chef. »

Il y a des hommes qui aiment et recherchent le danger. Le général Canrobert est de ce nombre. — Chacun a sa nature, laissez-lui la sienne.

A huit heures il revient. — La nuit se passe tranquillement. Mon Dieu ! que celui qui a inventé la poudre doit être content, on fait honneur à sa découverte. Je ne conseille pas à un philosophe de venir en Crimée, toutes ses idées seraient renversées, ou il renverserait toutes ses idées.

5 mai. — Rien de nouveau. Nous commençons à nous établir convenablement dans nos nouvelles positions, malgré l'artillerie des Russes, qui ne ménagent pas les projectiles. Nos épaulements sont épais ; on peut communiquer à l'abri, autant qu'il est possible de l'être dans des cheminements qui approchent de si près les défenses de l'ennemi.

A neuf heures et demie je monte à cheval pour aller déjeuner chez le colonel de la Boussinière. Le colonel, alors chef d'escadron, commandait deux batteries à cheval à la bataille de l'Alma et au magnifique et sanglant combat d'Inkermann. Son énergique conduite avait attiré tous les regards. « — Nul mieux que lui, me disait le général Trochu, ne pourra vous renseigner sur beaucoup de faits. » Nous avons visité ensemble le champ de bataille.

« — Sur les lieux mêmes, m'a-t-il dit, je vous raconterai bien mieux les détails, et je me les rappellerai bien plus. »

En rentrant, j'apprends qu'une bombe en éclatant a fait sauter un dépôt de poudre de la batterie 24; un sergent s'est élancé pour rejeter les sacs à terre qui avaient pris feu, et éviter l'explosion du dépôt de poudre; cet acte héroïque de dévouement lui a coûté la vie, l'explosion l'a broyé, et à peine si l'on a pu retrouver quelques lambeaux épars de ce malheureux. — Sept ou huit hommes ont été blessés.

A la nuit, la place reprend une grande vivacité de feu et lance des projectiles à profusion. On voit, comme des étoiles tombées du ciel, les obus bondir par ricochets.

6 mai. — Les grandes émotions sont passées; la vie du siège reprend son attitude plus calme. Les boyaux qui cheminent en zig-zag sur notre nou-

velle position, en avant du bastion central, sont praticables ; seulement on y reçoit les visites multipliées des bombes qui éclatent le long des épaulements. Décidément, les projectiles creux sont une détestable invention, ce qui fait qu'ils passeront à la postérité. — C'est un terrible moyen de destruction.

C'est dimanche. — Les Russes tirent peu : Dieu se reposa lui-même le septième jour.

Dans la matinée, un dépôt de poudre de la batterie 15 saute également, par suite de l'explosion d'une bombe, mais ne blesse personne. Ces dépôts sont très-peu considérables, et ne contiennent jamais à la fois que quatre ou cinq barils, pour éviter de grands désastres. Ils sont approvisionnés à peu près chaque soir.

On m'apprend dans la journée, que la division d'Autemarre qui s'était embarquée pour la mer d'Azoff a été rejointe en route par un bateau à vapeur qui lui apportait contre-ordre ; les bâtiments sont de retour à Kamiesh avec les troupes. On se perd en conjectures ; pour moi, je n'en fais aucune ; c'est un système. — Les conjectures de ce genre sont les tortures de l'esprit et l'envers de la vérité.

Il fait un temps d'été, une chaleur du mois de juin ; ce qui m'effraye un peu pour l'avenir. Je crains pour les troupes les grandes chaleurs, surtout sur ce terrain creusé tant de fois pour ensevelir les morts.

A sept heures du soir, arrive au Clocheton un officier d'ordonnance du quartier général, il donne communication de deux avertissements qui viennent d'être adressés de l'observatoire au général en chef.

Ces avertissements portent que l'on a vu se masser à la tombée de la nuit plusieurs bataillons derrière la deuxième ligne du bastion central; ce qui indiquerait quelque projet d'attaque pour cette nuit. Aussitôt on apprête les bataillons de renfort et ils campent en armes au Clocheton.

La lune se lève à onze heures; si les Russes font quelque sortie, ce sera avant cette heure-là. Mais aucune tentative n'a lieu. Évidemment les Russes sont comme nous dans une continuelle préoccupation; et peut-il en être autrement, quand ils sentent une ceinture formidable d'ennemis les envelopper pas à pas, et s'avancer jusque sous le feu le plus rapproché de leur mitraille. Ce que nous prenions pour des intentions offensives, n'était que des préoccupations de défense personnelle.

Les mêmes mouvements de troupes se remarquent chaque soir. L'ennemi s'attend à tout instant à une attaque de vive force de notre part; si nos nuits sont inquiètes souvent, les leurs doivent être cruellement agitées, et ils doivent se demander chaque soir, si elles auront un lendemain.

7 mai. — La place tire beaucoup de bombes et d'obus, mais sans nous faire grand mal.

La seule chose remarquable aujourd'hui est un mot du général Pélissier, en revenant de visiter la tranchée : pendant qu'il regagnait la maison qu'il habite passa un soldat ivre qui chantait à tue-tête et dont la marche trahissait les émotions de la cantine; aussitôt qu'il aperçut le général, il se mit à crier : « vive le général Pélissier! vive le général Pélissier!

« — Quel dommage qu'il n'y ait que les gens ivres qui vous rendent justice, » dit le général en souriant.

Pendant la nuit, l'ennemi a beaucoup lancé de projectiles sur nos nouvelles positions.

8 mai. — Rien à consigner; c'est le mouvement habituel des gardes de tranchées le matin, des travailleurs le soir; les mêmes précautions prises pour résister à une attaque de l'ennemi ; car maintenant, comme ces fauves troupeaux des forêts qui se guettent et se flairent dans l'ombre, d'un bond, Fran-

çais et Russes pourraient se trouver mêlés ensemble.

Rien n'est étrange comme de parcourir les entonnoirs et le nouvel ouvrage dont nous nous sommes emparés : on s'y voit pour ainsi dire face à face, on est côte à côte ; un peu de silence et on entendrait les respirations de ces milliers d'hommes qui veillent l'arme au bras ; il semble qu'une étincelle partie de l'un des deux camps doit amener à tout instant ce grand incendie d'un combat décisif.

Mais la guerre a ses règles, ses poids et ses mesures.

VINGTIÈME LETTRE.

Devant Sébastopol, 9 mai.

Le prochain courrier me ramènera en France. Je quitterai ce plateau que j'habite depuis le mois de janvier. — Je me félicite d'avoir passé au milieu des camps les rudes mois de l'hiver, d'avoir eu ma part, minime, je l'avoue, d'épreuves et de privations, de neige et de glace; mais aussi j'emporte avec moi des souvenirs qui ne s'effaceront jamais. — J'ai assisté jour par jour à cette œuvre sans exemple.

Pendant mon séjour au siége de Sébastopol, j'ai voulu, autant que je l'ai pu, m'initier à tous les dangers, à tous les travaux, à toutes les émotions; j'ai voulu m'abreuver sans relâche à cette source infinie d'impressions diverses.

Pour moi, cette vie des camps, ces tentes semées par milliers, ces troupes dont les armes reluisent au soleil, ces travailleurs armés de pioches, ces bataillons qui attendent et écoutent, incrustés, pour ainsi dire, dans les plis des ravins, ces champs couverts de boulets, déchirés par la mitraille ; ces créneaux sur lesquels nos francs-tireurs appuient leurs carabines ; — ce travail immense des tranchées, ces communications, pour ainsi dire, souterraines ; les embuscades ennemies hardiment posées à 50 ou 60 mètres de nos parallèles, les balles qui sifflent, les boulets qui bondissent, les projectiles qui éclatent, le sang qui coule de part et d'autre, les morts, hélas! qui jonchent le sol, les vivants qui combattent, les fosses qui se creusent, les batteries qui s'élèvent ; — l'attaque, la défense, la lutte ; tout cela était un monde nouveau dans lequel ma pensée avide plongeait à chaque heure, à chaque minute. — J'ai voulu tout voir, tout entendre pour essayer de tout comprendre ; j'ai regardé, j'ai écouté, j'ai interrogé ; car il m'était donné d'assister à un de ces spectacles, à un de ces événements de guerre qui ne se retrouvent pas peut-être en dix générations, et je pars plein de confiance et de sécurité.

Quand on a vu nos troupes s'élancer au combat, on sait ce que l'on peut attendre de ces hommes d'airain le jour où leur livrant l'espace on leur dira : « — Allez! »

Chefs et soldats seront héroïques et invincibles.

Certes, j'ai l'enthousiasme du patriotisme, et je m'en vante ; je ne juge pas froidement ces actions qui s'accomplissent avec le sang, ce pur trésor des nations.

Mais nous combattons une armée puissante, il faut le dire, et la tête de cette armée est remarquable par l'intelligence et par le cœur. — Nous attaquons une ville formidablement défendue par la configuration du terrain lui-même, secondée par une artillerie terrible, enveloppée d'un réseau de bastions dont il faudra déchirer les entrailles, plutôt encore avec la pointe de nos baïonnettes qu'avec les boulets de nos canons. — Si l'attaque grandit, la défense infatigable grandit aussi, active, audacieuse souvent ; mais chaque jour elle se sent étouffée davantage par cette marée qui monte, qui la menace et qui l'engloutira.

Il ne faut pas oublier que ce n'est pas le siége d'une ville que l'on fait ici, mais le siége d'un immense camp retranché dont les ressources sont inépuisables, dont la vie matérielle et morale se renouvelle sans cesse.

Si une armée de 200 000 hommes fût descendue en Crimée et eût investi la ville de tous côtés, le siége devenait régulier et la base des opérations changeait entièrement.

Telle n'était pas la position. — Ces 200 000 hommes, dans quelques jours ils seront en Crimée.

« — Et avec cette armée-là, me disait un général, on doit pouvoir remuer le ciel et la terre. »

On reproche au général Canrobert d'avoir manqué d'initiative, d'audace. — Nul n'est plus audacieux de sa personne; mais cette responsabilité de sang qui pesait sur lui l'épouvantait et l'arrêtait à son propre insu.

« — Oui, m'a-t-il répété souvent; — j'aurais pu essayer d'entrer dans Sébastopol, mais un insuccès eût été un désastre dont les suites sont incalculables; nos retranchements étaient loin d'être ce qu'ils sont maintenant; nous n'avions aucune ligne en arrière, aucun point de défense et de retraite dans Kamiesh. »

Et puis encore un point sur lequel l'attention ne s'est pas assez fixée, ce sont les difficultés qui surgissaient de cette position double de deux commandants en chef. — Deux pensées; — deux volontés. Que de fois le général Canrobert le disait avec amertume.

Je me rappelle à ce sujet ce qu'un jour me racontait le général Bosquet.

Nous parlions d'Inkermann; car vous devez penser si j'étais avide de recueillir des renseignements sur cette bataille, de la bouche du chef qui y avait pris une si glorieuse part.

Lord Raglan venait de retrouver le général Bosquet à l'issue de cette sanglante journée.

« — Général, lui dit-il tout-à-coup, vous n'avez pas l'air satisfait; et cependant nul plus que vous aujourd'hui ne devrait être radieux.

« — Mylord, répondit le général, je ne suis pas radieux parce que c'est une bataille heureuse plutôt qu'une victoire. il y a eu trois heures de perdues par les ordres, les contre-ordres, les appréciations diverses, et il devra toujours en être ainsi tant que le commandement en chef sera dans plusieurs mains, et qu'une seule décision ne pèsera pas dans la balance. »

L'attaque contre la place, vous le savez, a été longtemps retardée par le fait de l'armée anglaise dont les travaux n'étaient pas terminés et n'avançaient qu'avec lenteur. — C'est ce qui amena la résolution de ces nouvelles tranchées entreprises par le 2ᵉ corps (l'attaque de droite).

Les Anglais, ces soldats inébranlables au combat, ces murs humains que peut trouer la mitraille, mais qu'elle n'abat jamais, ont eu du malheur dans le commencement de cette expédition. — Une défectueuse administration intérieure les décimait plus encore que la guerre ; c'était parmi eux une démoralisation dont je ne pourrai rendre le cruel tableau ; les soldats, couchés devant leurs tentes, avaient ce regard morne de l'abattement. — Les chevaux mouraient par centaines. — Inkermann avait décapité la tête de l'armée; le vice d'une organisation imprévoyante dévorait le reste.

Je n'en parlerais pas, si nos alliés eux-mêmes ne l'avaient écrit et répété cent fois dans leurs journaux.

Ce qui nous a sauvés, nous, — c'est la guerre d'Afrique, ce sont nos habitudes de campement, nos expéditions dans l'intérieur des terres; c'est cette nécessité de tout prévoir dans les plus petits détails dont nous apportions en Crimée l'utile enseignement.

Il faut le dire, il y a eu bien des empêchements, bien des causes de retard, bien des obstacles, dont on ne peut que faiblement en France apprécier la portée; il y a eu surtout l'hiver, il y a maintenant l'été.

Que fût-il arrivé? Quelle victoire peut-être eussions-nous eu à enregistrer, si les événements se fussent présentés sous une autre face, si on se fût élancé à l'assaut soit le 6 novembre, soit le 10 avril.

— « C'est un secret qui est dans la main de Dieu, » comme disent les Arabes.

Mais aujourd'hui, si le passé avait à déposer son bilan, il pourrait le faire avec orgueil en regardant l'avenir.

Ce bilan, le voici :

L'hiver traversé, — combat terrible avec les éléments, montrant ce que peuvent, dans une armée, la mâle énergie du cœur, l'abnégation la plus absolue ; — près de 400 bouches à feu rangées en batteries, 43 kilomètres de tranchées creusés pendant les pluies, les neiges, la glace, et sous le feu de la mitraille, dans des terrains difficiles et rebelles, sans que toutes ces souffrances, toutes ces luttes, tous ces labeurs aient un seul instant laissé ni trace, ni doute, ni hésitation dans les cœurs. — Nos lignes, d'un côté, à 60 mètres du bastion du Mât ; de l'autre à 120 mètres environ du bastion central ; — et tout cela s'appuyant, d'une main sur l'Alma, de l'autre sur Inkermann.

Avec de tels souvenirs, si le présent a parfois des heures de lassitude, ces heures passent comme des éclairs et sillonnent à peine la pensée.

Le général Pélissier a remplacé le général Canrobert dans le commandement en chef de l'armée d'Orient et le général Canrobert, refusant une haute position qui lui était offerte, a repris le commandement de sa division. — Soyez sûr qu'il l'a fait sans regret, sans amertume, avec cette simplicité du vrai dévouement à la chose commune.

Le général Pélissier est bien l'homme de la circonstance actuelle; son visage bruni sous le soleil des camps, son regard étincelant et profond disent l'énergie, ses cheveux blancs disent l'expérience. Il a la confiance en soi qui est une des premières qualités d'un général en chef, il a l'audace, non pas cette audace imprudente qui lance des légions au hasard dans des périls inconnus et joue la vie de tous sur un coup de dés, mais l'audace qui calcule et qui veut, l'audace qui marche droit et ferme dans une résolution prise.

Déjà des succès importants sont signés de son nom : — d'un côté l'expédition de la mer d'Azoff;

— de l'autre la place d'armes de la Quarantaine, le mamelon vert enlevés à l'ennemi ; résultats sérieux, appréciables.

Ce sont de belles plumes arrachées à cette aile étendue qui protège Sébastopol. — Une à une, toutes le seront, et l'aile brisée retombera sans force et sans mouvement.

« Cela sera, s'il plaît à Dieu, » comme l'écrivait lui-même le général il y a quelques jours.

FIN.

PARIS, AMYOT, RUE DE LA PAIX, 8.

EXTRAIT DU CATALOGUE.

ACTES officiels de la République romaine. In-8	3— »
ALLEMANDS (des) par un Français. In-8	4— »
ANDERSEN. L'Improvisatore, ou la Vie en Italie. Traduit du danois. 2 vol. in-12	7— »
ARMANDI. Histoire militaire des Éléphants. In-8	8— »
ARMORIAL historique de la noblesse de France. In-8	15— »
AUDIFFRET (marquis d'). Crise financière de 1848. In-8	2— »
AUTRICHE (de l') et de son Avenir. In-8	7—50
AVÈZE (d'). Un Tour en Irlande. In-8	7—50
BALBO. Espérances de l'Italie. In-12	3—50
BARANTE (baron de). Lettres de Louis XVIII au comte de Saint Priest. In-8	5— »
BAZANCOURT (baron de). Histoire de la Sicile sous la domination des Normands. 2 vol. in-8	15— »
BEAUMONT. Réaction classique. In-8	7— »
BEAUMONT-VASSY. Histoire des Etats européens depuis le Congrès de Vienne. 6 vol. in-8	45— »
— Belgique et Hollande. In-8	7—50
— Suède, Norvége, Danemark, Prusse. In-8	7—50
— Grande-Bretagne. 2 vol. in-8	15— »
— Etats Italiens. In-8	7—50
— Empire russe. In-8	7—50
— La Préface du Deux Décembre. In-8	7— »
— Les Suédois depuis Charles XII jusqu'à Oscar Ier. 3e édition. In-12	3—50
— Swedenborg, ou Stockholm en 1756. In-12	7—50
BIANCHI-GIOVINI. L'Autriche en Italie. 2 vol. in-8	8— »
BIORNSTIERNA. Tableau de l'Empire britannique dans l'Inde, traduit par Petit de Baroncourt. In-8	8— »
BORROW. Bible en Espagne. Voyages, Scènes de Mœurs, etc. 2 vol. in-8	10— »
BOUCHITTÉ. Saint Anselme ou le Rationalisme chrétien. In-8	7—50
BOUILLÉ (Mis René de). Histoire des Ducs de Guise. 4 vol. in-8	24— »
— Essai sur la vie du marquis de Bouillé. In-8	6— »
— (L. J. A.). Pensées. In-12	2— »
BROUGHAM (lord). Voltaire et Rousseau. In-8	7—50
BYSTRZONOWSKI. La Serbie. In-8	4— »
CAPEFIGUE. Les Diplomates européens. 4 vol. in-8	30— »
— L'Eglise au Moyen Age. 2 vol. in-8	10— »
— L'Eglise pendant les 4 derniers siècles. 4 vol. in-8	20— »
— François Ier et la Renaissance. 4 vol. in-8	20— »
— Louis XV et la Société du XVIIIe siècle. In-12	3—50
— Présidence du Conseil de M. Guizot. In-8	5— »
— Les quatre premiers siècles de l'Eglise. 4 v. in-8	20— »
— La Société et les Gouvernements de l'Europe en 1848. 4 vol. in-8	20— »
— Trois siècles de l'Histoire de France. Monarchie et politique des deux branches de la Maison de Bourbon. 2 vol. in-8	10— »
CATTANEO. Insurrection de Milan en 1848. In-8	3— »
CENAC-MONCAUT. Histoire des peuples pyrénéens. 4 vol. gr. in-8	26— »
CHASLES. Etudes sur l'Amérique. In-12	3—50
— L'Angleterre au XIXe siècle. In-12	3—50
— L'Antiquité. In-12	3—50
— Le XVIIIe siècle en Angleterre. 2 vol. in-12	7— »
— L'Espagne. In-12	3—50
— Les Hommes et les Mœurs au XIXe siècle. In-12	3—50
— Le Moyen Age et les premiers temps du christianisme. In-12	3—50
— La Révolution d'Angleterre. Cromwell. In-12	3—50
— Le XVIe siècle en France. In-12	3—50
— Shakspeare, Marie Stuart et l'Arétin. In-12	3—50
CHAUDEY. Appréciation de l'Histoire de Dix Ans par Louis Blanc. In-8	3— »
CIESZKOWSKI. De la Pairie et de l'Aristocratie moderne. In-8	4— »

CORAN. Rimes galantes. In-8... 5— »
COURONNE poétique de Napoléon. In-12............................... 3—50
CUSTINE (Mis de). Romuald, ou la vocation. 4 v. in-8............... 20— »
— La Russie en 1839. 3e édition. 4 vol. in-12....................... 14— »
DALMAS. Le Roi de Naples, sa vie, etc. In-8........................... 2—50
DELÉCLUZE. Dante ou la Poésie amoureuse. In-12................... 7— »
DESCHAMPS (Emile). Influence de l'esprit français. In-8........... 1— »
DICKENS. Apparitions de Noël. In-12................................... 1— »
  — Les Carillons. In-12.. 1— »
  — Chefs-d'œuvre. In-12... 2— »
  — Contes complets. 4 vol. in-12................................ 12— »
  — Le Cricri du Foyer. In-12..................................... 1— »
  — L'Homme au Spectre, ou le Pacte. In-12.................. 1— »
  — Nouveaux Contes. In-12....................................... 2— »
DICKSON. Erreurs des Médecins. In-8.................................. 8— »
DOBEL. Sept années en Chine. In-8.................................... 7-50
DUBOC. Nuées Magellaniques. In-12.................................. 2—50
DUCOS. Épopée Toulousaine. 2 vol. in-8............................. 16— »
DUHAMEL (comte Victor). Histoire constitutionnelle de la Monarchie espagnole. 2 vol. in-8.. 15— »
ELLIS. Devoirs et Condition sociale des Femmes dans le Mariage. In-12.. 3—50
EOTHEN. Voyage en Orient. In-8....................................... 5— »
ESSAIS SUR LA MARINE FRANÇAISE. Note sur les forces navales de la France. L'Escadre de la Méditerranée. In-12................................ 3— »
FERRARI. La révolution et les réformes en Italie. In-8............. 1— »
FERRIÈRE LE VAYER. Une ambassade en Chine. In-8............... 5— »
FICQUELMONT (comte de). Lord Palmerston, l'Angleterre et le Continent. 2 vol. in-8.. 14— »
FOUDRAS (marquis de). Chants pour tous. In-8..................... 7—50
  — Décaméron des Bonnes Gens. In-8......................... 7—50
  — Echos de l'Ame. In-8.. 7—50
  — Fables et Apologues. In-8 (épuisé)......................... 10— »
  — Gentilshommes d'autrefois. 2 vol. in-8.................... 15— »
FREGIER. Solution du problème de la misère...................... »—50
FULLERTON (lady). Ellen Middleton. 2 vol. in-8................... 10— »
GALITZIN (prince Emmanuel). Conteur russe. In-12............... 3—50
  — Le Nord de la Sibérie. 2 vol. in-8. Cartes................. 15— »
GARDEN (comte de). Histoire générale des Traités de Paix, environ 20 vol. in-8, à.. 7—50
  — Tableau de Diplomatie. In-8.................................. 5— »
  — Code diplomatique de l'Europe. 4 vol. in-8.............. 32— »
GAUTIER. De l'Ordre, des causes qui le troublent, et des moyens de le rétablir. In-8.. 5— »
GEOFFROY-CHATEAU. La Farce de Pathelin. In-12................ 5— »
GIRARDIN (général Alexandre de). Situation politique et militaire de l'Europe. In-8... 5— »
  — Nécessité de réduire les dépenses. In-8................... »—50
GISQUET. L'Egypte, les Turcs et les Arabes. 2 vol. in-8........... 10— »
GOMONT. Geoffrey Chaucer. In-12.................................... 3—50
GRILLE Premier bataillon des Volontaires de Maine-et-Loire. 2 vol. in-8.. 20— »
GROVESTINS (baron de). Conférence de Londres. In-8............. 4— »
  — Histoire des luttes au XVIIe siècle. 7 vol. in-8.......... 42— »
  — La Pologne et la Russie. In-8................................ 4— »
GUIRAUD (baron). Œuvres. 5 vol. in-8................................ 25— »
  — Flavien. 2 vol. in-8... 10— »
  — Césaire et Mélanges. In-8..................................... 5— »
  — Théâtre et Poésies. In-8....................................... 5— »
  — Cloître de Villemartin. In-8.................................. 5— »
HAUSSEZ (baron d'). Etudes morales et politiques. In-8.......... 7—50
HAXTHAUSEN (baron de). Études sur la Russie. 3 vol. gr. in-8... 38— »
  — Les Forces militaires de la Russie. Grand in-8........... 5— »
HÉROS (un). Histoire contemporaine. In-12........................ 3—50
HUDSON LOWE. Histoire de la captivité de Napoléon à Sainte-Hélène, avec 200 pièces justificatives officielles et inédites. 4 forts vol. in-8....... 26— »
ISRAËLI. Les Deux Nations. 2 vol. in-8.............................. 10— »
  — La Jeune Angleterre. 2 vol. in-8............................ 10— »

JANIN (Jules). Clarisse Harlowe. 2 vol. in-12........................	7— »
— Le Gâteau des rois. In-12..	1— »
— Pline le Jeune et Quintilien. Gr. in-8...........................	5— »
— Lettres de Mademoiselle de Lespinasse. In-12..................	3—50
JAUBERT. Voyage en Arménie. In-8..................................	8— »
JEANNE DE VAUDREUIL. 2ᵉ édition. In-12	3—50
JOLLY. Influence du Théâtre sur les mœurs. In-8	2— »
JOMINI (général). Précis de la Campagne de 1815. In-8.......	7—50
LACOMBE (Francis). Histoire de la Bourgeoisie de Paris. 4 vol. in-8....	20— »
— Histoire de la Monarchie en Europe. 4 v. in-8..................	26— »
— Bourgeois célèbres de Paris. In-8.................................	5— »
LACRETELLE. Histoire du Consulat et de l'Empire. 6 vol. in-8..........	30— »
LAFORGE. Des Vicissitudes de l'Italie. 2 vol. in-8................	10— »
— Histoire de Venise sous Manin. 2 vol. in-8.....................	10— »
LA GUERRONNIÈRE. Portraits politiques contemporains. 4 vol. in-8......	26— »
LA MADELAINE (Stéphen de). Théories complètes du Chant. 1 vol. in-8....	6— »
LAVILLE DE MIRMONT. Œuvres dramatiques. 4 vol. in-8.............	30— »
LEBRUN (Camille). Amitié de Femme. In-8.........................	5— »
— Dauphiné. In-8...	7—50
— Improvisatore. 2 vol. in-12......................................	7— »
— Histoire d'un mobilier. Gr. in-8.................................	5— »
LE FÈVRE DEUMIER. Célébrités d'autrefois. In-12...............	3—50
— Le livre du Promeneur. In-12. Gravures.......................	5— »
LEMAN (Edward). Le Blessé de Novare. In-8.....................	6— »
LÉOUZON LEDUC. La Russie et le Nord de l'Europe. Récits et Souvenirs. In-12..	3—50
LERMINIER. Histoire des Législateurs et des Constitutions de la Grèce antique. 2 vol. in-8..................................	10— »
LESPINASSE (Mlle). Lettres complètes, avec une préface par Jules Janin. In-12...	3—50
LESSEPS. Mission à Rome et réponse. In-8........................	3— »
MALLET DU PAN. Mémoires. 2 vol. in-8...........................	12— »
MARTIN DE GRAY (baron). Histoire de Napoléon. 3 vol. in-8....	15— »
MATTER. Etat moral, littéraire et politique de l'Allemagne. 2 vol. in-8...	10— »
— Lettres et pièces rares et inédites. In-8.........................	5— »
MAUSSION (comtesse de). Contes aux enfants du château de Vaux. In-12.	2—50
— Louise. 2 vol. in-8...	10— »
MAZZINI (A. L.). De l'Italie. 2 vol. in-8...........................	15— »
MÉNEVAL. Napoléon et Marie-Louise. 4 vol. in-8................	25— »
MÉRIMÉE (H.). Une année en Russie. In-12......................	3—50
MERLIN (comtesse). La Havane. 3 vol. in-8.......................	15— »
— Les Lionnes de Paris. 2 vol. in-8................................	10— »
MESTSCHERSKI (prince). Les Roses noires. In-8..................	5— »
— Les Poëtes russes. 2 vol. in-8..................................	10— »
MISSIONNAIRE (un) républicain en Russie. 3 vol. in-8..........	15— »
MONTAGU. Etudes sociales. Réponse à M. Donozo Cortès. In-18	1—50
MONTABAN (baronne de). Mes Loisirs. 2 vol. in-8...............	15— »
MORIN. Propriété et Communisme. In-8...........................	2— »
NAPOLÉON III. Œuvres. Nouvelle édition, augmentée d'un volume nouveau. 4 beaux vol. gr. in-8. Édition de luxe...........................	40— »
NISARD (Ch.). Juste Lipse, Joseph Scaliger et Isaac Casaubon. In-8......	7—50
— Les Ennemis de Voltaire. 1 vol. in-8...........................	6—50
— Les Livres populaires depuis le XVᵉ siècle. 2 v. gr. in-8. Vignettes..	20— »
NOUGARÈDE. Des anciens peuples de l'Europe. In-8.............	5— »
— Le Duc d'Enghien. 2 vol. in-8..................................	10— »
— Lettres sur l'Angleterre. 4 vol. in-8...........................	20— »
— Vérité sur la révolution de Février 1848. In-12................	1—50
OLLIFFE. Scènes américaines. 2ᵉ édition. Gr. in-12..............	4— »
— Scènes écossaises. In-18...	2— »
ORTOLAN. Moyen d'acquérir le domaine international. In-8....	4— »
PASQUIER (duc). Discours. 4 vol. in-8............................	30 »
PEPE (général). Mémoires. 3 vol. in-8............................	18— »
PÉTIET (général). Pensées et Maximes. In-18....................	2— »
PICHOT (Amédée). Histoire de Charles-Edouard. 2 vol. in-8	15— »
PLANCHE (Gustave). Nouveaux portraits littéraires. 2 vol. in-12........	7— »
PORTAL (baron). Mémoires. In-8..................................	7—50

POUJOULAT (B.). Constantinople et l'Empire ottoman. 2 vol. in-8 Cartes. 15— »
— La France et la Russie à Constantinople. In-18 .... 2—50
PUIBUSQUE. Le comte Lucanor. 1 fort vol. in-8 .... 7— »
RADICAUX (les) et le Sonderbund. In-8 .... 3— »
RAMÉE. Théologie cosmogonique. In-12 .... 3—50
RANCÉ. Lettres inédites éditées par M. Gonod. In-8 .... 5— »
RAUDOT. Décadence de la France. In-8 .... 2—50
— La France avant la Révolution. In-8 .... 5— »
— Grandeur possible de la France. In-8 .... 5— »
RAYNEVAL (Gérard de). Institution du droit de la nature et des gens. 2 vol. in-8 .... 12— »
RENÉE. Princes militaires de France. Gr. in-8 .... 15— »
RIVAS (duc de). Insurrection de Naples en 1648. Traduit de l'espagnol. 2 vol. in-8 .... 10— »
SAINT-MARC GIRARDIN. Souvenirs de Voyages et d'Études. In-12 .... 3—50
SAINT-PRIEST (comte A.). Chute des Jésuites. 3e édition. In-12 .... 3—50
— Études diplomatiques. 2 vol. in-8 .... 10— »
— Histoire de la conquête de Naples. 4 vol. in-8 .... 20— »
— Histoire de la Royauté. 2 vol. in-8 .... 10— »
SAINT-MAURIS. La divine Comédie de Dante. 2 vol. in-8 .... 12— »
SCHILLER. Wallenstein, traduit par M. Falateuf. In-12 .... 4— »
SCUDO. Critique et Littérature musicales. In-8 .... 3—50
SPAUR (comtesse de). Voyage de Pie IX à Gaëte. In-8 .... 1—50
STERN (Daniel). Essai sur la Liberté. In-8 .... 6— »
— Nélida. In-8 .... 7—50
TOCQUEVILLE (comte de). Histoire philosophique du règne de Louis XV. 2 vol. in-8 .... 15— »
— Coup d'œil sur Louis XVI. In-8 .... 7—50
TRABAUD. D'Inverness à Brighton. In-12 .... 3—50
TRÉGAIN. Histoire du royaume des Deux-Siciles. 1 vol. in-8 Carte .... 6— »
VALERY. Curiosités et anecdotes italiennes. In-8 .... 7—50
— Science de la Vie. In-8 .... 5— »
VIELCASTEL Archambaud de Comborn. In-8 .... 5— »
VIENNET. Fables nouvelles. In-12 .... 3—50
— Épître à tout le monde. Gr. in-8 .... »—50
WEILL. La Guerre des Paysans. In-12 .... 3—50
WRONSKI (Hoëné). Historiosophie ou Science de l'Histoire. 2 vol. in-8.. 8— »
— Réforme des Mathématiques. 1 gros vol. in-4 .... 60— »
— Réforme de la Philosophie. In-4 .... 15— »
— Résolution générale des Équations algébriques. In-4 .... 10— »
— Le Destin de la France, de l'Allemagne et de la Russie. 1 fort vol. grand in-8 .... 6— »
— Métapolitique ou Philosophie de la Politique. In-4 .... 10— »
— Prodrome du Messianisme. In-4 .... 8— »
— Tableau de la Philosophie de l'Histoire .... 6— »
— Tableau de la Philosophie de la Politique .... 5— »
— Nouvelle Science nautique des Marées, avec Suppléments .... 5— »
— Secret politique de Napoléon. In-8, nouvelle édition augmentée .... 2—50
— Le faux Napoléonisme. Défense du Prince Louis-Napoléon .... 1—50
— Adresse aux Nations slaves sur les destinées du monde. In-4 .... 2—50
— Adresse aux Nations civilisées. In-4 .... 2— »
— Épître au Prince Czartoryski sur les destinées de la Pologne, avec le supplément. In-4 .... 2— »
— Bulletin de l'Union antinomienne. In-4 .... 1— »
— Dernier appel aux hommes supérieurs de tous les pays. In-4 .... 1—50
— Les Cent Pages décisives, avec le supplément. In-4 .... 2—50
— Épître à Sa Majesté l'Empereur de Russie. In-4 .... 2—50
— Épître secrète à Louis-Napoléon, sur les destinées de la France. In-4 2—50
— Document historique (secret) sur la révélation des destinées actuelles du monde. In-4 .... 2— »
— Urgente Réforme des Chemins de fer. In-8 .... 1— »

Imprimerie de Ch. Lahure (ancienne maison Crapelet)
rue de Vaugirard, 9, près de l'Odéon.

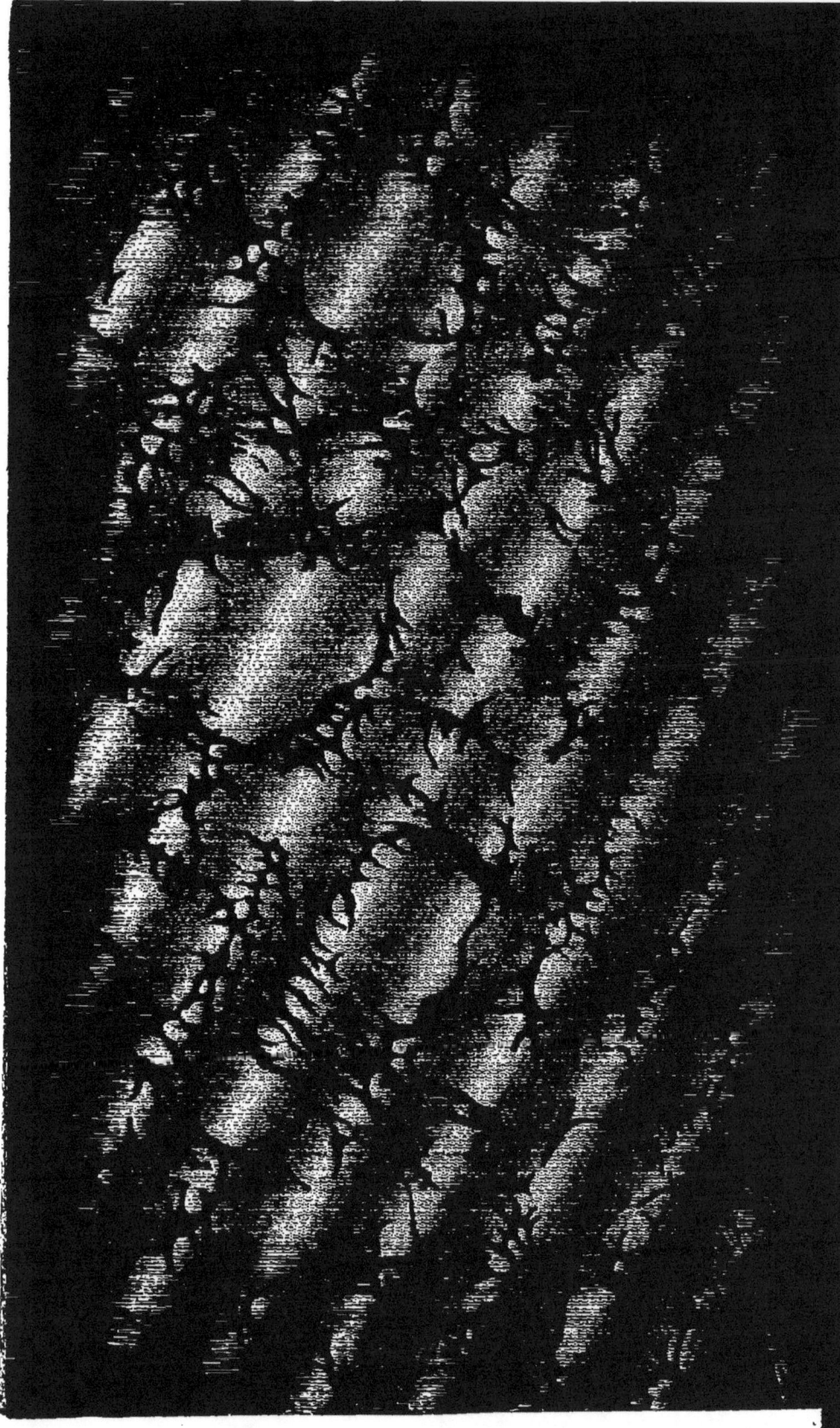

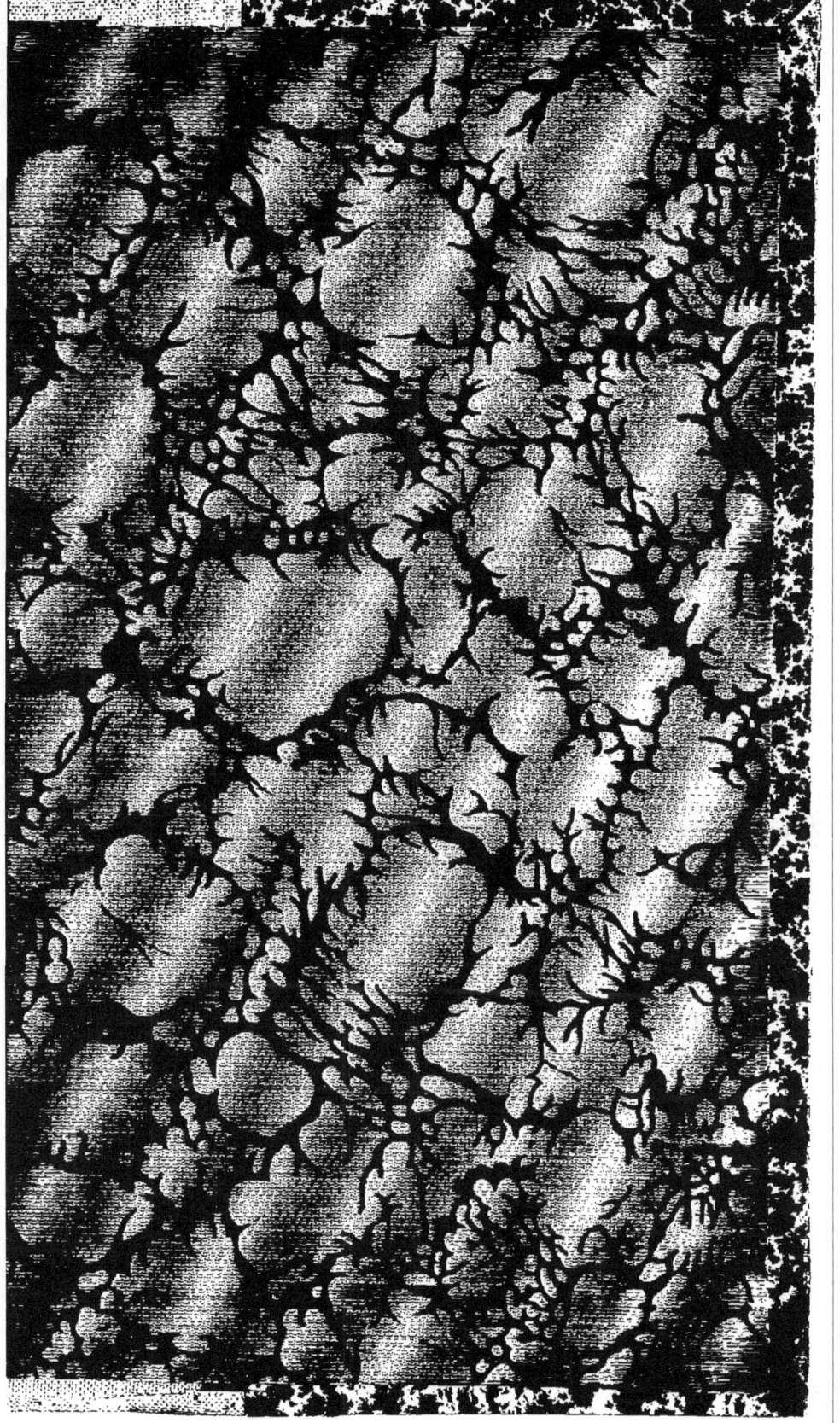

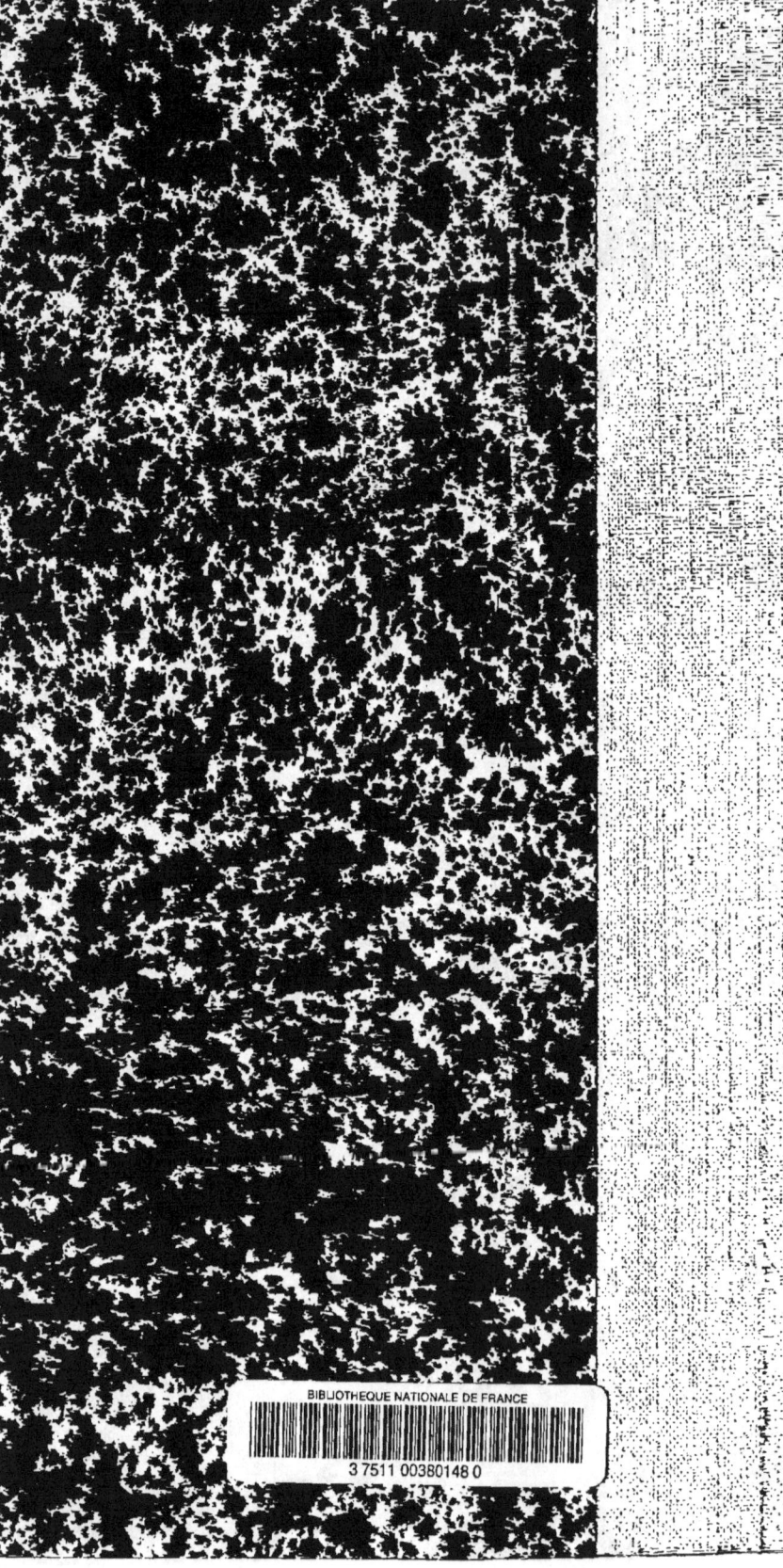

www.ingramcontent.com/pod-product-compliance
Lightning Source LLC
Chambersburg PA
CBHW070610160426
43194CB00009B/1239